GUSTAV
KLIMT

KLIMT

后浪出版公司

克里姆特

[英] 凯瑟琳·迪恩 著
赵婧 译

CNS | 湖南美术出版社

图书在版编目（CIP）数据

克里姆特 /（英）凯瑟琳·迪恩 (Catherine Dean) 编著；赵婧译 .
— 长沙：湖南美术出版社，2017.11
（彩色艺术经典图书馆）
ISBN 978-7-5356-8077-8

Ⅰ . ①克… Ⅱ . ①凯… ②赵… Ⅲ . ①克里姆特 (Klimt, Gustav 1862–1918)
– 生平事迹②克里姆特 (Klimt, Gustav 1862–1918) – 油画 – 绘画评论 Ⅳ .
① K835.215.72 ② J213.055.21

中国版本图书馆 CIP 数据核字 (2017) 第 140428 号

克里姆特

KELI MUTE

出 版 人：李小山
著　　者：［英］凯瑟琳·迪恩 (Catherine Dean)
译　　者：赵婧
选题策划：后浪出版公司
出版统筹：吴兴元
编辑统筹：蒋天飞
责任编辑：贺澧沙
特约编辑：张卓群
营销推广：ONEBOOK
装帧制造：墨白空间·张　萌
出版发行：湖南美术出版社　后浪出版公司
印　　刷：北京盛通印刷股份有限公司
　　　　　亦庄经济技术开发区科创五街经海三路 18 号
字　　数：170 千
开　　本：635 × 965　1/16
印　　张：8
版　　次：2017 年 11 月第 1 版
印　　次：2017 年 11 月第 1 次印刷
书　　号：ISBN 978-7-5356-8077-8
定　　价：68.00 元

读者服务：reader@hinabook.com 188-1142-1266
投稿服务：onebook@hinabook.com 133-6631-2326
直销服务：buy@hinabook.com 133-6657-3072
网上订购：www.hinabook.com（后浪官网）

后浪出版咨询(北京)有限责任公司常年法律顾问：北京大成律师事务所　周天晖 copyright@hinabook.com

克里姆特生平与艺术

古斯塔夫·克里姆特（Gustav Klimt）的画作《吻》（彩色图版36）是创作于20世纪的最著名的图像作品之一，它常以海报或贺卡的形式被反复印制，爱意被浓缩于这幅美丽的图像之中：画中女人一脸意乱情迷，她的爱人则流露出关切的脉脉爱意，二人全情投入的完美爱情引发了全世界人们的共鸣。因此，对于这幅画作的流行，我们完全不会感到惊异。克里姆特对于生命、爱情、母性和死亡这些题材的发挥，使他闻名于世，同时也因为他恢弘的风景装饰画以及他为那些时代的大人物创作的，带有情欲的肖像、素描而备受推崇。

克里姆特的作品被广为传播，其原因有以下几点：首先，他的艺术生涯较短，全部作品只有230幅左右，把相当完整的画作收录在一本书里并不难；其次，由于他的作品强调二维性，因此即使画作被大幅缩小，印制出来的效果也颇令人满意（虽然复制他画作中常见的金色还是有些难度的）；最后，则源于克里姆特与众不同的工作风格，其所属的维也纳工坊（Viennese Workshop）是利用品牌意识贩卖商品的首批公司之一，在它和维也纳分离派（Viennese Secession）的推广下，克里姆特的作品一时间被广为流传。的确，其商品的鲜明特色和易辨识性成就了克里姆特的声誉。

克里姆特生活在艺术的黄金时代之一，在那时，他的家乡维也纳正经历着惊人的变化：艺术、建筑、音乐、文学和心理学都在蓬勃发展，他的同辈人中有西格蒙德·弗洛伊德（Sigmund Freud）和古斯塔夫·马勒（Gustav Mahler）。由于克里姆特创作时期横跨世纪之交，其作品显露出受到19世纪和20世纪思想所影响的痕迹。随着他的成长，克里姆特开始对抗当时已有的标准和预期，带着对新世纪的狂热，他看到了一个旧时代的终结。与此同时，他也在思索那些困扰了诸多20世纪艺术家和评论家的问题，其中包括：画作为现实的二维反映，它由形状和色彩构成，从某些角度来说反映了现实世界，从另外的角度却又远离现实，那绘画的主体意识到底是什么呢？此外，他还参与到了关于艺术家作为社会中介的讨论中去，以及更广泛的，关于艺术家之自由的讨论中。克里姆特还是一个创新者，他用金粉作画、在画中加入了装饰性图案、实验性地启用正方形构图、运用了将房间作为装饰整体的概念，所有的这些都表现了克里姆特的创新和钻研精神。

尽管我们对克里姆特知之甚多，但要为他归纳出一个明晰的艺术家性格特征仍是不容易的。克里姆特成功地专注于他的作品，而非他自己和个人感受。现在看来，他的画作要比他的个性有趣得多，如他自己所说：

> 我从未画过一幅自画像（忘记了《伦敦环球剧院》中的场景，该画是维也纳城堡剧院楼梯处天花板装饰的一部分，见彩色图版1）。我不喜欢成为绘画的对象，我喜欢画旁人，特别是女人，以及其他形态的事物。我不确定我是否是个有趣的人，我没什么特

别的……我也没有出口成章或是妙笔生花的才能……正因如此，人们并不需要一幅艺术化的或文字的克里姆特自画像……任何人想要了解我——一个仅在作为画家时值得被提及的人——都应仔细研究我的画作，以此了解我的为人和我的意图。

上述的文字再真挚不过了。在克里姆特寄给家人朋友的、多如牛毛的明信片中，丝毫没有提及个人的情感或艺术，他曾抱怨过自己的健康问题——他患有轻微的疑病症，对于欧洲旅途中所见的艺术作品也只留下了只言片语——“西班牙和莫尔［画家卡尔·莫尔（Carl Moll，1861—1945 年）与克里姆特在 1909 年同去巴黎和马德里］与夜曲完全不搭”——精简一如以往。关于克里姆特日常生活的最佳记录来自建筑师、画家以及布景设计师埃米尔·波章（Emil Pirchan，1881—1957 年）编写的一部回忆录。

在平常的日子里，他就是一个生活健康规律、受人尊敬的普通老百姓。早晨六点之前，他徒步前往美泉宫（Schönbrunn）附近的蒂沃利（Tivoli）做祷告，他的朋友，也是摄影师的莫里茨·那赫（Moritz Nähr）与他相伴晨祷长达 30 年之久。在到达蒂沃利后，他们会在农场享用一顿丰盛的早餐。这之后，克里姆特乘长途车前往位于约瑟夫城（Josefstädterstrasse）的工作室，迫不及待地开始工作。工作室十分简陋，唯一的装饰就是画架上的画。但在这间简陋的房屋前方有个小院，院里有个小花园，克里姆特在那里种下了它最爱的花，用作他绘画时的“模特”。大约有六到八只猫咪住在前院里，克里姆特舍不得与任何一只小动物分离（见图 1），但随着时间推移，这些小猫不得不被偷偷抛弃了，因为它们繁殖的速度过快，并且破坏掉了至少一幅以上的作品。克里姆特终日工作直到天黑。至于晚上，多数时候克里姆特都会与朋友一起。他花钱大方，有求必应。

古斯塔夫·克里姆特，1862 年生于维也纳市郊的鲍姆加登（Baumgarten），他在家中的七个孩子中排行老二，他的父亲恩斯特（Ernst）是一名雕工兼铁匠，其母名为安娜（Anna）。他的家庭是奥地利首都的自由中产阶级，这一阶级中的人迫切地盼望其子女能够通过教育改变人生。然而，克里姆特的家庭并不是很富裕，他们需要通过频繁搬家来找到更划算的住所，或是逃避欠下的房租。在上了七年地方学校后，在十四岁时，克里姆特拿到了一笔国家资助，从而进入了皇家奥地利美术馆附属的维也纳工艺美术学校学习。如同伦敦的维多利亚和阿尔伯特博物馆（那时叫作南肯星顿博物馆）一样，皇家奥地利美术馆的目标远远不止于陈列最好的艺术和设计，它的另一目标是教育普及，这一目标不仅仅通过藏品展示来实现，还通过实践和理论兼重的授课来达成。或许克里姆特就是受到了这一理念的鼓舞——毕业后，至少自己能够当一名绘画老师谋生，也可以投身于艺术产业中去。

图 1
莫里茨·那赫摄
克里姆特身着画袍，
怀抱一只猫，
站在位于
维也纳约瑟夫城
21 号的画室的
前院中

1912 年；照片；
奥地利国家图书馆，
维也纳

在费迪南德·劳尔夫博格（Ferdinand Laufberger，1829—1881 年）和维克多·伯杰（Victor Berger，1850—1902 年）的教导下，克里姆特的天赋渐现。二人作为知名的艺术家，都承担了获利丰厚的社会工作。他们授课的风格十分传统，教学内容涵盖透视、技法和风格，还包括石膏素描以及严格的原作描摹，认为艺术教育的宗旨在于模仿过往的大师。在所谓的历史主义的方法下，伟大的艺术运动被认为是接踵而至的，这一过程在当时既符合逻辑也不可避免，但历史主义方法因为强调模仿，致使艺术家缺乏自由，不能与时俱进，而受到部分人的指责。学校对手工工艺的强调，加上对所谓的好品味的注重，使得克里姆特那一辈的艺术家拥有了多种扎实的技艺功底，也使得他们对艺术史有着全面的了解，克里姆特也充分利用了这项优势。

仅仅在维也纳工艺美术学校就读了三年后，克里姆特就能靠卖画赚钱了，一幅肖像画能卖六个荷兰盾。到了 1879 年，他开始着手更严肃的商业项目。他与他的弟弟恩斯特（Ernst Klimt，1864—1892 年）以及另一名学生弗朗兹·马奇（Franz Matsch，1861—1942 年）共同创办了艺术家公司（Artists' Company）。他们的第一项任务就是为皇帝弗朗茨·约瑟夫（Emperor Franz Josef）和皇后伊丽莎白（Empress Elizabeth）的银婚庆典做装饰，由他们的老师劳尔夫博格设计。他们还做了宫廷艺术史博物馆（Court Museum of Art History）的装饰，该馆是皇家艺术藏品的大本营。同样，这次的设计依旧是由劳尔夫博格主导。分派给克里姆特的任务是设计八个拱肩和三个顶棚镶板，内容要涵盖从古埃及到文艺复兴时期的佛罗伦萨历史。克里姆特花了大量时间研究维也纳的博物馆中的藏品，从中借鉴经验、寻求灵感。埃及和古典时期的主题是克里姆特的最爱，也频繁出现在他毕生的作品中。在维也纳艺术史博物馆（Kunsthistorisches Museum in Vienna）中的可复印书籍区，我们看到了克里姆特在1885年4月28日的签名，他当时曾请求复制提香（Titian，约1487—1576年）的画作《伊莎贝拉·德·埃特》（*Isabella d'Este*）。

克里姆特的实践经验使他获得了另外两项任务：为建筑师司徒兰尼（Stuarany）的住宅的天花板绘制四则寓言故事；为位于卡尔斯巴德（Carlsbad）的温泉浴场绘制天顶画。1881年，克里姆特为马丁·格拉赫（Martin Gerlach）出版的书《寓言与象征》（*Allegories and Emblems*）绘制插图（见彩色图版3《爱》，以及彩色图版6《悲剧的寓言（完成素描稿）》）。与此同时，他还与恩斯特以及马什一起，为作曲家齐雷尔（Ziehrer）位于维也纳的住宅做内部装饰，这一次，他们用的是伯杰老师的设计。1882年，三个合伙人拿到了他们的第一笔佣金，任务是与建筑师费尔纳（Fellner）和赫尔默（Helmer）合作设计一座剧院，剧院就是位于今天捷克共和国的利贝雷茨（Liberec）市政剧院，三人主要负责剧院设计和装饰，特别是天顶画和幕布的设计。1883年，在从维也纳工艺美术学校毕业后，克里姆特与他的合伙人一起开了间工作室，这标志着他们在财务上的成功——能够租得起工作室。他们之前在艺术家公司的经验也为他们带来了许多剧院装饰项目，以及为私人宅邸绘制天顶画和为罗马尼亚的皇室成员创作肖像画的工作。

维也纳有着大量的工作机会。在1860年到1900年期间，奥地利经历了一系列政治、经济和社会危机，致使艺术市场空前繁荣。以统治贵族为主导的、农业经济占主体的奥地利社会并未积极响应工业化发展，于是在1873年，维也纳的股市崩盘了（颇为讽刺的是，那一年恰逢维也纳举办世界博览会）。这之后，中产阶级丧失了他们之前在政治事务中的话语权，严苛的条件使得工人阶级组织成立了基督教社会民主派和社会派。于是，中产阶级就把他们的注意力转投向了艺术、音乐和文学。历史学家也指出：奥地利缺乏在国外的大规模军事胜利，使得国民的民族自豪感转移到了艺术上去，皇家银婚庆典的奢华、炫目无疑印证了这一点。

维也纳的城市景观也在发生改变。19世纪50年代，城市的老城墙被拆毁，斜堤——城墙外的一片用于训练军队的开阔地带——也被改造为一条宽阔的道路，这条大道环城延展，名叫环城大道（Ringstrasse）。在接下来的30年间，大量建筑如雨后春笋般出现，约150座公共建筑——包括一座教堂、国会大厦、市政厅、股市交易所、大学、剧院和诸多博物馆，此外还有约650栋私人住宅，公寓楼和旅馆崛地而起。每一个新业主都迫切地想要让自己的房子成为最美的那个，于是为建筑师、设计师和装潢设计师提供了极大的探索空间。

图 2
旧城堡剧院的礼堂

1888 年；纸上水粉；
82cm×92cm；
维也纳历史博物馆，
维也纳

1886 年，克里姆特迎来了一次重大突破，他当时在为维也纳城堡剧院（Burgtheater）中楼梯处的天顶做装饰设计（见彩色图版 1），这项工程耗时两年，影响深远。环城大道时期充满了无上的乐观主义精神，这时的中产阶级扮演了（或者至少看起来扮演了）重要的角色，类似于新建城堡剧院这样的工程为他们提供了大量一展宏图的机会。他在画中展示了希腊—罗马式戏剧场景，其中的服饰、设计和装饰都经过了用心地处理，使得 19 世纪的观众们可以与其当下进行直接地比对，因此观众顺其自然地认为自己是往昔的光辉的继承者。1887 年，为了修建新的城堡剧院，旧城堡剧院即将被拆除，在此之前，维也纳市议会委任克里姆特和马什绘制一幅旧城堡剧院的礼堂内部场景的水粉画——《旧城堡剧院的礼堂》（*Auditorium of the Old Burgtheater*，图 2）。为了省钱，克里姆特请来了家人和朋友来替代专业模特，他的弟弟恩斯特就站在从前往后数的第三排的左侧。这个项目的一部分内容就是要把维也纳 150 位中产阶级清晰地画进去。由此不难看出，资产阶级以文化精英观众的角色不断地塑造着戏剧史。克里姆特绘制的观众肖像十分写实，近乎于摄影，以至于数个被画在观众席中的人都委托克里姆特绘制该画的副本用以个人收藏。这幅画获得了一定的成功，皇帝为克里姆特颁发了金质十字奖章，以示对他艺术成就的肯定。尽管在他的艺术生涯中也曾遭遇反对，但克里姆特还是凭借着这枚奖章而扬名立万。这个来得够早的认可为克里姆特施展才华铺平了道路。

在维也纳城堡剧院的项目过程中，克里姆特的个人风格与他的同伴差异逐渐增大，在克里姆特的作品中，传统学院派的痕迹越来越少，到了 1891 年，克里姆特加入了维也纳一个显赫的艺术家团体——奥地利艺术家协会。不过克里姆特并没有中断他与工作室的合伙关系，1892 年，他们已经能够支付得起一个更宽敞的工作室了。然而不幸的是，同年 12 月，克里姆特的爸爸和他的弟弟恩斯特先后

图 3

由爱丽丝·施特罗布尔复原的“学院组画”的拱顶场景

去世，不过这没有导致克里姆特与马什伙伴关系的中断——至少没有断绝财务关系——来自于教育部的一个项目为二人送去了些安慰，工作内容是要他们为维也纳大学大厅的天顶创作寓意画，也就是所谓的“学院组画”（Faculty Paintings）。“学院组画”的主题是“光明战胜黑暗”，克里姆特被分配到哲学、医学和法学三个主题，马什则负责绘制神学（见图 3）。1893 年间，在继续手头项目的同时，二人研习了维也纳大学大厅拱肩和顶棚镶板的布局和比例。次年，他们的设计方案被批准了。然而直到 1897 年，该项目都未开工，他们在奥地利艺术家协会上展出的设计图纸激起了争端，导致最直接的后果是：1893 年 12 月，当维也纳工艺美术学校提议聘用克里姆特担任历史画研究生院（Master School of History Painting）的教授时，皇帝却选择了他人。1895 年，克里姆特因为装饰陶陶的爱斯特哈泽宫（Esterhazy Palace in Totis）的礼堂而在安特卫普得奖，除了赢得金十字奖章以及拿到了数个重大项目外，克里姆特作为一个艺术家显然过于激进了。在此之前，克里姆特的职业生涯较为平顺，因而在面对这第一次波折时，他自然而然地感到沮丧。1894 年，马什搬离了二人共同的工作室，艺术家公司也就和平地解散了，但二人还是合作完成了“学院组画”的设计。

虽然中产阶级被迫从政治权利中心撤离，却得以投身于新晋的文化革命。文学圈中一个名为“青年维也纳”（Young Vienna）的社团

图 4

阿尔弗雷德 · 罗勒绘
《圣春》第一期封面

1898 年；石版画；
30cm×29cm

出现了，它是第一批宣称与传统文学规范决裂的团体。而艺术变革则始于 1897 年，标志是一批艺术家脱离奥地利艺术家协会，创立了另一个名为维也纳分离派的团体，领头人便是克里姆特［分离派的名称源于古罗马的“撤离运动”（secessio）——愤愤不平的罗人会登上罗马的七座圣山之一，他们威胁当权者，若他们的要求不被满足，就再建一座罗马城］。分离派的刊物于 1898 年第一次刊印（一直出版至 1903 年），刊物名为《圣春》（*Ver Sacrum*），“圣春”原本是指古罗马的一项习俗，在苦难时期，人们会奉献上在某个特殊春天诞生的所有生命。当在“圣春”出生的儿童长大后，他们将背井离乡，在别处建立家园。分离派运用“撤离运动”和“圣春”这两个罗马词汇的用意在于，刻意与钟爱中世纪和文艺复兴时期的历史主义者划清界限（虽然两词在最初都有着恋母的含义）。除了对历史主义的批判外，分离派认为当代欧洲艺术未受到应有的重视，因此感到失望。虽然他们原本并不打算完全断绝与奥地利艺术家协会的关系，但在媒体上发表了一封给美协的公开信，致使二者不可挽回地决裂了。第一期《圣春》的封面是由阿尔弗雷德 · 罗勒（Alfred Roller, 1864—1935 年）设计的，他本人就是期刊的编辑之一。期刊中列有分离派——正式的名称为奥地利艺术家联盟（Association of Austrian Artists）——的章程：

1. 奥地利艺术家联盟旨在培养纯粹的艺术爱好，特别是要提高奥地利的艺术敏感性。

2. 为了达到这一目标，联盟要联合奥地利国内外的艺术家，与国外的艺术家进行卓有成效的交流，在奥地利建立一个非营利性的展览体制，在海外推广奥地利的艺术作品，以及充分利用国外的伟大艺术成就以激励国内艺术、教育国内公众，从而在整体上推广艺术。

从这份声明中，我们不难发现奥地利美术家协会行事的弊病——而这也是分离派想要改观的，分离派反对维也纳狭隘的艺术体制，反对为了纯粹的商业盈利而举办的展览——这类展览常常将同时代艺术家拒之门外，他们也反对历史主义者对待艺术史的观点。

在最开始的两年里，《圣春》以每月一刊的周期发行，之后变为了半月刊。期刊编辑煞费苦心地将文字与插图排版成一本整体化的读物，期刊中的独立要素都服从于期刊的整体风格。其中囊括了分离派成员的作品和同时代的欧洲艺术、展览摄影、字母和字体的样例、装饰图、诗歌、论文、评论文章以及乐谱。除了普通版，还有精装版发行。大多的精装版应该都是手工制成的，因为每一册的着色都不尽相同。

为了纠正当下艺术领域中的问题，在1898年，分离派组织了第一届展览，这次展览意义重大、影响深远。克里姆特设计了展览海报（图5），海报中，在智慧女神雅典娜的羊皮盾之下，裸体的提修斯正在与米洛陶洛斯搏斗，其中就包含了分离派对抗守旧的历史主义者的隐喻。在参展的作品里，有131幅来自外国画家，维也纳画家的画作仅有23幅。皇帝也亲临参观这个展览。皇家的认可无疑促进了展览的成功：共有57,000位观众观展，534幅作品中有40%售出，在这40%中，又有10%的作品是被政府收购的。而官方对克里姆特设计的海报的封杀也扩大了分离派的名声。

由于首届展览的商业成功，加上一些金主的资助，同年11月，分离派举办了第二届展览。这次展览由建筑师约瑟夫·马里亚·奥尔布里希（Joseph Maria Olbrich，1867—1908年）设计，受古典建筑启发，展厅是一栋白色建筑，镀金的圆顶上装饰着铁制的月桂叶。门额上写着："为了时代的艺术，为了艺术的自由"。评论家劈头盖脸地攻瑕指失，针对这个建筑的批评堆积如山，有说是"穆罕穆迪之墓"的，有说是"镀金包菜"的，有说是"温室和高炉的结合体"的，还有说是"亚述人的公厕"的——最后一条评论尤为尖刻，因为长期以来，在维也纳大量的、富有的犹太人群体敌视亚述人。无论如何，奥尔布里希原本的初衷——设计一座方便陈列的美术馆——竟然达成了。他是第一个运用滑动墙板的人，这样一来，可变动的空间就能够适应不同的艺术展品了，个别作品得到了更多的重视。在那时，人们认为展览应是一个和谐整体，作为一个完整的艺术品，展览的整体效果要比个别部分重要。

分离派的改革方案恰巧赶上了政治环境的好时候。教育部长冯·哈特尔（Von Hartel）在1899年发起成立了艺术委员会，表达了与分离派如出一辙的观点。委员会成员个个身居艺术圈内要职，他们像帮派一样地渗透进了艺术圈官场的每个角落。建筑师奥托·瓦格纳（Otto Wagner，1841—1918年）是维也纳美术学院（Academy of Fine

图 5
第一版维也纳分离派的海报（删减版）

1898 年；石版画；64cm×47cm；维也纳历史博物馆，维也纳

Arts）的一位风云人物。他与罗勒都是这个委员会的成员。罗勒还设计了维也纳歌剧院（Court Opera House）。画家费利西安·冯·迈巴赫男爵（Baron Felician von Myrbach，1853—1940 年）则在维也纳工艺美术学校（克里姆特就读的学校）发动了大规模的改革；分离派成员约瑟夫·霍夫曼（Josef Hoffmann，1870—1956 年），克科罗曼·莫塞尔（Koloman Moser，1868—1918 年）以及亚瑟·施特拉塞尔（Arthur Strasser）纷纷加入了维也纳工艺美术学校。历史主义正在逐步退出历史舞台。1900 年，一个由公务员构成的政府成立了，一时间奥地利的艺术政策大幅放宽，于是，国家开始推广同时代的欧洲艺术。艺术委员会和现代美术馆（Moderne Galerie）都是官方机构，后者是在艺术委员会的创办会议上被首次提出建立的，它在 1903 年正式落成。然而不久，现代美术馆就摇身变为了奥地利皇家和帝国美术馆，其中陈列的不仅仅是同时代的艺术，还有所有时期的奥地利艺术——反映了 20 世纪头十年间席卷了奥地利的爱国热潮。

1900 年，在分离派的第七届展览上，克里姆特展出了初版的《哲学》（*Philosophy*，图 6），也就是承诺为维也纳大学绘制的“学院组画”之一。对于这次展出，克里姆特很是谨慎（直到 1907 年，最终

图 6
哲学（初版）

1899—1907 年；
布上油彩；430×300cm；
毁于 1945 年
伊门多夫宫博物馆的大火

版本才完成），但分离派委员会已然宣称要展出这幅作品，并给它预留了一个上佳的位置——展厅的第一个房间。画作的左侧有一群人像，从一个孩子到一名老朽自上而下地罗列，右侧是一个斯芬克斯一样的头像，暗示着人们只有通过知识和哲学——画面下方的女性头像——才能认识世界。很快，《哲学》激起了广泛的批评，因为它神秘的、饱含寓意的图像与分离派的自定义——理性的个体——自相矛盾。画中的人物没有可辨识的目的，更糟的是，画作还流露出了在当时广为接纳的一个观点（但却令学院派不悦）：方向明确的历史进程终会受捉摸不定、难以控制、周而往复的自然力量支配。十一位教授写信公开指责《哲学》一画，但维也纳大学的校长却签署了一份声明声称画作是基于精密科学的。即使在同年的巴黎世博会上展出并夺得大奖，《哲学》还是难逃被公然批判的命运。当“学院组画”其二的《医学》（*Medicine*，图 7）于 1901 年展出时，它遭到了类似的攻击。批评者认为画作刻意表达了对医学的悲观主义态度，因而勃然大怒。他们认为画中描绘了生老病死，而非医药的治愈和预防特性。尽管画作构图的底部有代表了希腊健康女神海吉亚的女性形象，但在克里姆特的反对者看来，这个女性形象和整幅画作并没有太大关联。画中左

图 7
医学

1900—1907 年;
布上油彩;
430cm×300cm ;
毁于 1945 年
伊门多夫宫博物馆的大火

侧单独漂浮着的裸女形象更是激起了批评者对于画作色情的指责。接着，争议愈演愈烈，以至到了国会，这个项目不得不被重新审查。以上的这些都不利于克里姆特得到官方的认可和接纳，1901 年，当克里姆特被再度提名为教授时，他又落选了，显然是受到了饱受争议的“学院组画”的波及。

1892 年，在弟弟恩斯特亡故后，克里姆特还保持着与弟弟遗孀海伦的联系，不过更多的是与海伦的妹妹艾蜜丽·芙洛格（Emilie Flöge）接触。从 1897 年起的每个夏天，克里姆特都会与芙洛格一家一起前往阿尔卑斯山脚下的萨尔茨卡默古特地区待上两到三个月。远离都市生活的假期为克里姆特提供了绘制风景画的机会，也为他提供了散步、健身、在湖上划船和阅读的闲暇。从 1897 年到 1902 年，这段时间对克里姆特来说是艰难的，他一共画了至少 15 幅风景画，以他惯有的节奏来看，这个数量已经很多了。毋庸置疑，风景画比其他类型的作品要容易一些，但事实上，风景画最终占据了克里姆特毕生作品的四分之一，这也印证了克里姆特在田园隐居期间的放松心态和革新精神。在给家人和朋友的信件和明信片中，克里姆特流露出了逃离都市生活的念头。他和芙洛格一家所居住的阳光灿烂的乡间茅屋、

图 8
魏森巴赫阿特尔
湖畔的林务官小屋

1912 年；布上油彩；
110cm×110cm；
私人收藏

农庄、湖畔村落、花草树木都不断出现在他毕生的画作中。克里姆特的风景画中人烟罕见，偶见珍奇鸟兽，体现了艺术家的一种近乎田园牧歌式的理想，画中唯一动态的就是植物的生长，而这种动态是不易被察觉的。

克里姆特在萨尔茨卡默古特的作品大多都是在室外选取好的风景前画好，在工作室里最终完成的。克里姆特将许多写生簿都存放在艾蜜丽的公寓中，或许这些手稿都在 1945 年公寓的一场大火中毁之一炬，也或许克里姆特就没有为这些画儿打草稿，总之，这些风景画作的素描几乎无一存世。他先用一个象牙色的取景框取景，再用双筒望远镜查看风景的细节。由于以上工具的运用，画中景色好似被压缩了或是压扁了——它更似一个风光的局部特写，而非自然的观景视角。克里姆特的风景画看着就像其他艺术家的室内作品，这与他想要回归到乡村内部，而不只是站在一个有距离感的高处去纵览风景的说法不谋而合。他总是用正方形画幅，更为其构图增添了一丝沉静。比如，构成《魏森巴赫阿特尔湖畔的林务官小屋》（*Forester's Lodge in Weissenbach at Lake Atter*，图 8）中草坪、小道、窗户以及房顶的线条将画面中不同的元素收缩在了一起，使得画中在加入了大量生机勃勃的绿叶的同时还保留了一丝沉稳。风景画这种题材也为克里姆特提供了一定的试验空间，他不用去忠实地刻画模特的肖像了，于是就可以去探索事物本身的装饰效果，比如有着马赛克图案的树干、树叶和湖面倒影。克里姆特还会把地平线抬高，甚至会完全抹掉地平线，使画面变得更加扁平化。

克里姆特的一部分田园风光作品，不仅仅描绘了风光，例如《向日葵（*The Sunflower*，图 30）。在《卡默城堡公园中的大道》（*Avenue in Schloss Kammer Park*，图 9）中的风景也与第一次出现时不一样，克

图 9
卡默城堡公园中的大道

1912 年；布上油彩；
110cm×110cm；
奥地利美泉宫博物馆，
维也纳

里姆特多次在该地写生，多数时候都是隔湖而作，除了这一幅。他喜欢随意探索画面中的对称和不对称，因而画中的大道和门窗都偏离了中央。也有人指出画中带有性暗示，如树冠构成的形状、红黑色的大门以及上方卷曲的树叶。

在乡间时，克里姆特为艾蜜丽拍摄了一系列照片，有时他自己也在其中，艾蜜丽穿着她和姐姐共同经营的女装店里的裙子。照片中尽是柔情蜜意，尽管克里姆特与艾蜜丽的关系从未被人真正理解过。从诸多事物中我们都能看出二人的亲密，比如他们在萨尔茨卡默古特共度的夏日；克里姆特的临终遗言："要艾蜜丽来"；以及克里姆特把自己的速写本遗赠给艾蜜丽等等。不过，又有诸多其他因素暗示着二人的关系并没有那么亲密，比如：二人从未结婚，克里姆特一直与母亲和妹妹们住在家中；在寄给艾蜜丽的大量的明信片中，除了包含爱意的昵称"迷迪"（Midi）外，没有一个词涉及爱；克里姆特给其他女人寄过情书，尽管克里姆特与艾蜜丽在维也纳几乎天天见面，克里姆特还是有大量的时间与其他女人谈情说爱。他与他许多的模特和来自维也纳市郊的姑娘们发生过性关系。在他死后，数个女人进行了生父确认诉讼，言称克里姆特是她们孩子的生父。据说，这样的孩子一共有 14 个，最终有 4 个胜诉。

第 14 届分离派展览于 1902 年举办，这一次展览对于克里姆特来说格外重要，在很大程度上恢复了他对维也纳艺术生命的信心。展览最大的亮点是马克斯·克林格尔（Max Klinger，1857—1920 年）的贝多芬雕像。雕像借鉴了《圣经》和古典神话，贝多芬被塑造为一个近乎为神、而非人的形象。奥尔布里希本来想要彻底重新改造分离派的展厅内部，这样所有的绘画和雕塑作品都能够与克林格尔的雕塑

图 10
法学

1900—1907 年;
布上油彩;
430cm×300cm；
毁于 1945 年
伊门多夫宫博物馆的大火

协调起来。最后的展厅内部营造出了一种神庙似的氛围，三条具有教堂风格的通道使得标准的展览布局增添了庄严感，协调展览的所有元素，结合艺术化和装饰性为一体——这一观念毫不出人意料，对于分离派却十分重要，因为分离派本来就看重工艺品的价值并认同它们的正当性，成员们有着丰富的内部装饰和剧院装饰的经验，成员构成涵盖了画家、雕塑家、建筑师和设计师。克里姆特对展览的贡献则是绘制了一幅壁画，名曰《贝多芬长卷》(*Beethoven Frieze*，图 25 和彩色图版 19—22)。壁画环绕在第一间展厅墙壁上方。展览空前成功，共接待了 58,000 名观众，当然，在很大程度上也归功于贝多芬的巨大知名度。

在接下来一年，也就是第 18 届分离派展览上，克里姆特展示了“学院组画”中的最后一幅《法学》(*Jurisprudence*，图 10)。在画布上方的背景中有三名女性形象，她们分别代表了公平、法律和真相，而她们身后似乎堆着被斩首的法官头颅。前景的老人低着头，头部被章鱼触角缠绕着，他代表着被告，而原告便是那三名裸露的女人。可以想见，这幅画代表了克里姆特的立场。评论家们也不出意外地对这幅画嗤之以鼻，他们像憎恶《哲学》(图6）和《医学》(图7）一样讨厌《法学》。在这三幅作品中，前两幅作品在风格上较为相近，最后这幅却截然不同,《法学》有着更简单明快的用色和技法，显然，这也成为了评判者攻击克里姆特的额外把柄。克里姆特对于法学的描绘很显然并非正面，他认为法律是具有报复性的、专注于犯罪和惩罚的工具。逐渐地，关于这幅画的争议甚嚣尘上，教育部提出可将画作陈列在博物馆中，但不能把他们挂在大学的大厅里。不仅如此，教育部还拒绝将画作外借到美国圣路易斯的世博会上去展览。最终，在1904年，克里姆特宣布：他的艺术自由受到了不值一提的公众的限制，他将归还所有的预付款，且自己保留所有的作品。从克里姆特早期生涯中拿到的官方资助的数目上来看，这无疑是一次戏剧化的变故。

幸运的是，克里姆特收到的私人佣金并不少，足以填补他在官方作品上的经济损失，他还能自由地探索新的艺术技法和材料。分离派的艺术家和工匠们正在形成艺术与工艺相结合的观念，他们不仅仅要绘制装点房间的绘画作品，还要设计家具、软装，甚至设计房屋本身。分离派的成员们发现，几乎没有工匠能将他们的设计作品实现，也没有商店愿意出售他们设计的产品。于是在1903年，在评论家约翰·罗斯金（John Ruskin，1819—1900年）、画家威廉·莫里斯（William Morris,1834—1896年）、建筑师和设计师查尔斯·雷尼·麦金托什（Charles Rennie Mackintosh，1868—1928年）这些理想典型的启发下，也在工艺美术运动（Arts and Crafts Movement）的鼓动下，约瑟夫·霍夫曼和科罗曼·莫塞尔创立了维也纳工坊。维也纳工坊与分离派来往密切，许多成员都兼属于这两个团体。成员们执行各类任务，他们制作玻璃器皿、瓷器、金银首饰、铁艺、瓷砖、时装、家具以及平面设计。不过，实际上，与他们大众化的理想还是相差甚远，因为维也纳工坊的产品都太贵了，除了社会中的富裕阶层外，没人能买得起。

1905年，得益于建筑和内部设计统一化的理念，克里姆特得到了一个可以施展他在维也纳工坊里学习的新技能的机会。工业家阿道夫·斯托克雷特（Adolphe Stoclet）委托约瑟夫·霍夫曼设计一幢位于布鲁塞尔的家庭豪宅，也就是人们口中的斯托克雷特宫（Palais Stoclet）。霍夫曼的设计一丝不苟，细致到每一处电灯开关和门把手。多个艺术家和工匠共同参与到这项工作中，克里姆特也是其中之一，他负责装饰餐厅的壁画（图11）。壁画由半宝石、金属以及玻璃镶嵌而成，它可以说是克里姆特所有设计作品中最华丽的一个了（彩色图版30—32）。克里姆特在斯托克雷特宫的壁画受拉韦纳（Ravenna）的拜占庭镶嵌画启发。1903年，在参与设计斯托克雷特宫内饰的前一年，克里姆特难得地出了国——那是一次愉快的、远离家乡和烦恼的旅行。他造访了佛罗伦萨、帕多瓦和威尼斯，对维托雷·卡尔帕乔（Vittore Carpaccio，约1460至1465—1523至1526年）的作品也十分着迷，不过，他主要目的是前往拉韦纳去观看镶嵌画。

在经历了“学院组画”的大溃败之后，没有了官方资助，克里姆特便以绘制肖像为生。他的肖像画十分抢手，于是价格也开得很

图 11

斯托克雷特宫的餐厅，照片中展示了克里姆特设计的壁画、镶嵌画

日期未知；照片

高。克里姆特仅凭借着第一幅肖像就一举成名，成名的画作名为《索尼娅·尼普斯像》(*Portrait of Sonia Knips*，图 12)，这幅画在 1898 年 11 月的第二届分离派展览上展出（由于克里姆特的弟弟格奥尔格为这幅画定制的锤制金属框子还未完成，于是未能在三月的第一届展览上展出）。克里姆特后期的委托作品主要强化对象的高傲与疏远，但这幅画不同，它似乎想要尽可能地展现索尼娅·尼普斯的魅力。画中的笔触柔软，对角线构图使得人物只占据了图像空间的一部分，同样的技法在克里姆特 20 世纪初期的肖像作品中也出现过。画中的人物索尼娅·尼普斯本人曾有一个黑色笔记本，里面全是克里姆特为她作的画作草稿，这个笔记本被裹在一块红色皮革中，在《索尼娅·尼普斯像》里，画中的索尼娅手中拿着的正是这个笔记本。克里姆特对于这幅画像中索尼娅裙子颜色（淡粉色）的运用，引起了当时一位名为路德维希·希维西（Ludwig Hevesi）的评论家的不满，他认为："克里姆特没有任何立场，他总是擅做主张，特别是在画女性肖像的时候，每一幅都有不同的配色，每一幅的技法都全然不同。"

克里姆特的这些肖像画并非公式化的作品，它们都是经过深思熟虑后的成果，画作反映了对象人物的本质和个性——当然，而这也是其成功的要素。克里姆特的许多肖像画——特别是著名的《赛琳娜·莱德勒像》(彩色图版 12)都受到了詹姆斯·麦克尼尔·惠斯勒（James McNeill Whistler，1834—1903 年）的影响，克里姆特十分青睐惠斯勒的作品（图 13），1906 年时克里姆特还在伦敦观看了惠斯勒的展览。

1899 年后，克里姆特的绘画对象就仅限于女性了，这些女性来自于维也纳的富裕阶层，几乎全部是奥地利犹太人或匈牙利人，她们喜欢在维也纳工坊采购服装、首饰和家具，其中一些人的房子也是霍夫曼设计的。克里姆特的肖像画反映出他想要统一艺术、装饰、室内装潢以及建筑的决心和努力，他首次将自然主义的面孔、印花裙装和布景融为一体。除了多样化的技法外，其画作的装饰效果也削弱了人物对象的重要性，这恰巧体现出 20 世纪维也纳女性的社会地位。克里姆特被委托创作的肖像画弥漫着色情的味道，与同时代作品相比尤为

图 12
索尼娅·尼普斯像

1898 年；布上油彩；
145cm×145cm；
奥地利美泉宫博物馆，
维也纳

明显。在其绚丽的服饰和严谨的构图背后，是其对女性肉体的欣赏。例如《男爵夫人伊丽莎白·巴霍芬像》(*Portrait of Baroness Elisabeth Bachofen-Echt*，图 14)，男爵夫人是赛琳娜·莱德勒（彩色图版 12）的女儿，画中展现了男爵夫人修长的身体，双手恰巧下垂至裆部的高度，裙子呈两个交叠的菱形的形状，也将人们的视线引向了双手的位置。阿德勒·布洛赫－鲍尔的画像（彩色图版 34 和彩色图版 41）同样也是私密的肖像画，鲍尔是唯一一个可以确定的，既是克里姆特的绘画对象，又是他的情人的女性。

在克里姆特的神话或圣经主题的作品中，这种隐秘的性感更加明显，例如《朱迪斯一号》(彩色图版 15）和《朱迪斯二号》(彩色图版 38)。朱迪斯的掠夺天性与克里姆特关于女人的性的观点息息相关，即使这种关联是出于下意识的。我们知道，克里姆特的阅读量少得可怜，他几乎不可能涉猎弗洛伊德的著作，但经常出入咖啡馆的克里姆特，一定听他人讨论过最新的学术成果。他画中的男性常躲避在画中女性身后，以昏沉、呆滞和恍惚的面孔示人，如《新娘》(彩色图版 48）和《亚当和夏娃》(*Adam and Eve*，图 15)。他们很显然是强大的女性形象的附属，即使女性已然沦为性玩物。

与此同时，分离派也在与自身的认同危机做斗争。它逐渐分为两派，一派是设计师，这些人跟克里姆特一样在多线创作；另一派是画家，这些人自认为是纯粹主义者。设计师赚的钱要远多于画家，与维也纳最大的商业画廊米特克画廊（Galerie Miethke）的关系也更紧密，合作关系也更灵活——这就很讽刺了，因为分离派创立的原因之一就是因为其成员对奥地利美术家协会的商业活动感到不满。1905 年，克里姆特和其他 24 位成员共同退出了分离派，两派成员决裂，画家一派留守分离派。退出的设计师一派组成了新的艺术家协会(Artists' Association)，它通常被称作克里姆特小组。

图 13
詹姆斯·麦克尼尔·惠斯勒绘
肤色与粉色的交融：
弗朗西斯·莱兰夫人像

1871—1873 年；布上油彩；
195.9cm×102.2cm；
弗里克美术馆，纽约

维也纳工坊则继续保持独立，其中数个成员也隶属克里姆特小组。1914 年，两个组织之间的关联正式建立，契机是克里姆特的赞助人之一——奥托·普里玛维奇（Otto Primavesi）将维也纳工坊从那时的资助人弗里茨·威尔多斐（Fritz Waerndorfer）的手中和破产的边缘挽救了回来。

对于克里姆特和他的同事来说，退出分离派意味着他们没有展览的去处了。他们在米特克画廊、维也纳工坊的陈列室以及海外组织了数次展览，直到 1908 年，他们才被批准使用环城大道附近的一块地，霍夫曼在那里为克里姆特小组设计建造了一个合适的展厅。1908 年的展览同次年的一样，都简单地称作维也纳艺术展（Art Show Vienna），展览旨在庆祝皇帝登基 16 周年。在开幕式上，克里姆特发表了演说，毫不避讳地表达了他对关于"学院组画"争议的愤怒。演说的文稿被收录在展览图录中："我们并非将展览视作艺术家与公众沟通的最佳桥梁，相反我们更偏爱大规模的公共资助。但只要权威人士继续以商业和政治为出发点去看待艺术，我们唯一的出路就是办展。"展览仅限于来自奥地利的艺术家参展，参展作品既有艺术品也有工艺品，有来自业余艺术家和儿童的画作和雕塑，有专业的、来自于维也纳工艺美术学校的画家和学生的作品，这些人里面包括了奥斯卡·科柯施卡（Oskar Kokoschka，1886—1980 年）。克里姆特被分配了一整间展厅，共展示了他的 16 件画作，其中包括《水蛇一号》（彩色图版 26）、《水蛇二号》（*Water Snakes II*，私人收藏）、《女人的三个阶段》（彩色图版 27）、《玛格丽特·斯通博罗·维特根斯坦像》（彩色图版 28）、《弗里茨·李德勒像》（彩色图版 33）、《阿德勒·布洛赫-鲍尔像一号》（彩色图版 34）、《达娜厄》（彩色图版 35）、《吻》（彩色图版 36）。其中《吻》被奥地利政府当即收购为国有藏品。

1909 年的维也纳艺术展展出了大量知名国外画家的作品，例如亨利·马蒂斯（Henri Matisse，1869—1954 年）、保罗·高更（Paul Gauguin，1848—1903 年）以及文森特·凡·高（Vincent van Gogh，1853—1890 年）的画作，此外还有奥地利青年一代艺术家的作品。其中，科柯施卡的画作再次出现在展览中，而埃贡·席勒（Egon Schiele，1890—1919 年）的作品也首次展出。据推测，可能是建筑师约瑟夫·霍夫曼将席勒介绍给了克里姆特，尽管克里姆特比席勒足足年长 28 岁，但并不妨碍两人成为密友。克里姆特死后，席勒前往维也纳总医院的太平间为克里姆特绘制了肖像。席勒说，由于克里姆特在濒死之时刮掉了胡子，因此他的相貌与从前相去甚远。在克里姆特去世八个月后，席勒也死于席卷维也纳的流感病毒。

在那时，表现主义正在崛起。在这场运动中，艺术家们试图用夸张的线条和颜色来表达内心感受，克里姆特多多少少认为自己落伍了，他说："现在的年轻人已然不能理解我了。他们正在去往另一个方向。"不过他自己的画作也在维也纳艺术展展览期间经历了显著的变化：20 世纪初期，金箔和银箔的运用是克里姆特作品的标志，但在这之后，他不再用金、银箔，而是转向了对颜色和肌理的关注。1909 年，他造访了巴黎，在那里，他看到了马蒂斯和野兽派作品，他还访问了马德里，在那里他看到了埃尔·格列柯（El Greco，1541—1614

图 14
男爵夫人伊丽莎白 · 巴霍芬像

约 1914 年；布上油彩；
180cm×128cm；
波恩美术馆，巴塞尔

年）的画作。这些经历或许在某种程度上启发了克里姆特对色彩的运用，但他的画作并未显示任何与其他画家的直接联系。1911 年，克里姆特游历了佛罗伦萨、罗马和布鲁塞尔，同年，他工作室所在的房屋即将被拆毁，他被迫搬家。在新家的大厅中，克里姆特放置了由霍夫曼设计的、在维也纳工坊出售的家具，同时还挂上了他珍藏的日本彩色木版画和中国版画。1911 年后，克里姆特的生活可以说是太平无事，他将作品送到海外展览，其中包括 1910 年的第九届威尼斯双年展。第一次世界大战爆发，随着难民、食物配给以及能源短缺等问题的出现，维也纳——这座在 1914 年前欧洲最文明、最璀璨的城市遭遇了巨大的战争创伤。不过这对克里姆特似乎鲜有影响，并未明显表现在他的文字和绘画中。

1918 年 1 月 11 日，克里姆特在穿衣服时突发轻微中风。这次中风使得他右侧身体瘫痪，克里姆特用右手绘画，这对他来说是个沉重的打击。更糟糕的是，就在他开始有些好转，右侧手臂稍能活动时，他又感染了肺炎——席卷全城的流感病毒的副产品。克里姆特最终于 2 月 6 日去世，距他患病不到一个月。四天后，他在海特辛公墓下葬，墓地由国家捐赠。众多知名官员代表出席了葬礼——

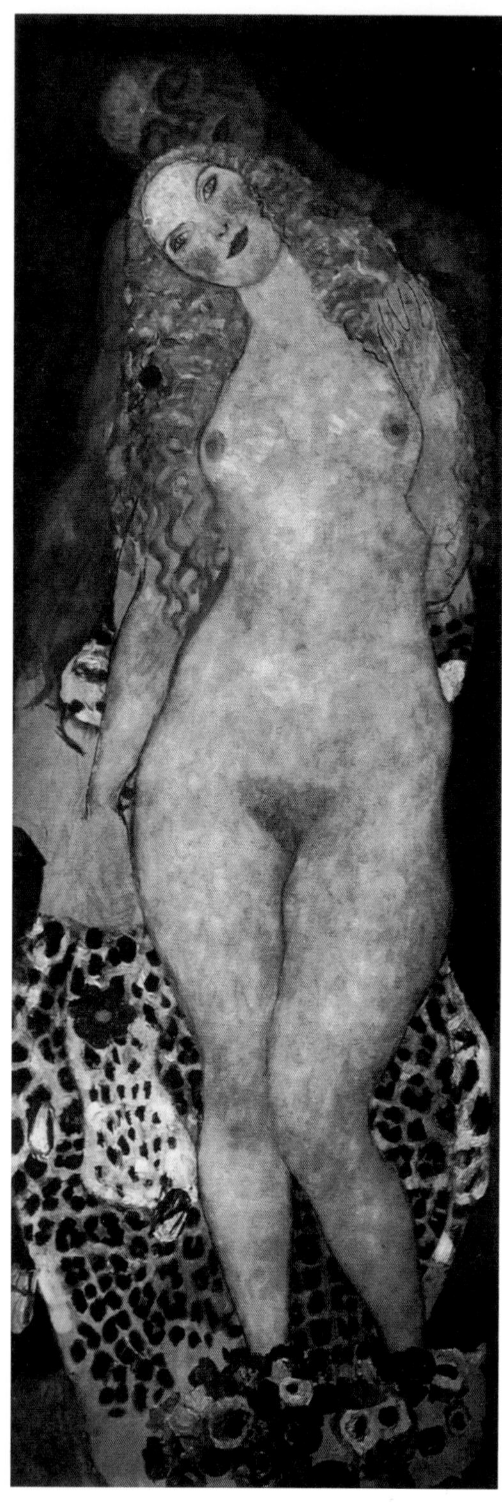

图15
亚当和夏娃
（未完成）

1917—1918年；布上油彩；
173cm×60cm；
奥地利美泉宫博物馆，
维也纳

考虑到他们在克里姆特生前对待他的态度，这显得格外讽刺。

在回顾克里姆特毕生作品的过程中，我们意外地发现：克里姆特总是回归到风景、人像、寓言故事以及象征作品这几个主题中来，不过，克里姆特最热衷的还是对女人的刻画。毫无疑问，只有回归到作品本身，我们才能真正了解沉默寡言的克里姆特。

克里姆特死后，他毕生所画的大量色情素描被公之于众。1918年，画商古斯塔夫·内贝海（Gustav Nebehay）策划了一场遗作展，展览包含了约200幅作品。这之前，克里姆特出现在公众视野中的，只有少数展出或是在《圣春》上刊印的作品，在这次展览后，人们才意识到克里姆特的多产：他共绘制了5,000～6,000幅素描，其中约3,000幅流传至今，大多数是油画作品的草稿，因此并未打算进入公众视野，还有一部分素描是他为自己的收藏创作的，类似一个私人图书馆。据记载，在绘制大型油画的过程中，克里姆特需要通过画上一两张草稿来进行放松，此外，克里姆特总会在身旁备好一两个模特，以备灵感来时之需（一些记载认为克里姆特与艾蜜丽·芙洛格之间类似于“楼上—楼下”的关系——在楼下时，艾蜜丽是模特、洗衣女工以及和克里姆特交媾的妓女，在楼上时，她则是纯洁的、贞洁的艾蜜丽）。20世纪初的审查制度对克里姆特似乎并没能起到抑制作用。针对《圣春》中刊印的《医学》（图7），克里姆特曾被起诉，但法庭驳回了这一诉讼，并指出：“对于那些基于纯粹的美学观点的、严肃的艺术作品，若要说它侵害了人们的道德感和谦虚之心，无论何时都是不恰当的。”

或许，从1923年奥地利画家安东·法伊斯道尔（Anton Faisauer）编写的书中，我们可以发现认识克里姆特艺术的关键：

> 只有在维也纳，克里姆特才能被理解，或许布达佩斯或君士坦丁堡更佳……他的全部精神世界都属于东方……波斯花瓶装饰和东方的毛毯都极大地启发了他……金色和银色特别能够吸引克里姆特……而对于西欧观众来说，克里姆特是……难以接近的，那些不愿意接纳克里姆特与众不同的人们，将他的作品贬为工艺品一类。在早期，也就是分离派创立初始时，克里姆特受到了赫诺普夫（Khnopff）和托罗普（Toorop）的启发，除此之外，他从未从西方汲取灵感，同样，除了造访西班牙和巴黎的旅行外，克里姆特从未对西方文化产生过兴趣。克里姆特的个性同他的作品如出一辙……他热爱美好的生活、安宁和平静，这一点与东方人一样，而他也长得像个东方人。

作为靠近奥斯曼帝国的最西端的城市，维也纳为克里姆特提供了各种各样的艺术和文化，从而塑造了他的艺术作品，一如梅特涅亲王（Prince Metternich，1773—1859年）所说：“亚洲从兰德斯特拉塞开始”。尽管在当下，克里姆特没有直接的仿效者，但他对灵感来源的杂糅、利用新媒介做的实验以及总体的艺术思路都有追随者。特别是克里姆特对工艺美术的兴趣和对纯艺术的追求，更是重新提升了工艺美术家的地位。

生平简介

1862 年　7 月 14 日恩斯特·克里姆特和安娜·克里姆特的二儿子古斯塔夫·克里姆特出生。

1876 年　在政府的资助下，进入维也纳工艺美术学校学习。

1879 年　与弟弟恩斯特和另一名学生弗朗兹·马奇一同创立了艺术家公司。

1880 年　艺术家公司受委托为司徒兰尼在维也纳的寓所的天花板绘制四幅寓言故事，以及为卡尔斯巴德的温泉浴场绘制天顶画。

1881 年　绘制《寓言与象征》一书的插图（彩色图版 3、6）。

1882 年　古斯塔夫、恩斯特和马什与建筑师费尔纳和赫尔默合作设计剧院装饰。克里姆特绘制了利贝雷茨市政剧院的天顶画并设计了幕布。

1886 年　克里姆特开始为维也纳城堡剧院的楼梯处绘制天顶画（彩色图版 1）。

1891 年　成为奥地利艺术家协会的一员。

1892 年　父亲和弟弟恩斯特去世。

1893 年　克里姆特和马什开始为维也纳大学绘制“学院组画”。

1895 年　克里姆特因装饰了陶陶的爱斯特哈泽宫的礼堂在安特卫普获奖。

1897 年　分离派成立，克里姆特被选为主席。克里姆特退出奥地利艺术家协会。

1898 年　克里姆特为分离派的第一届展览设计海报；第一期分离派期刊《圣春》问世。11 月，分离派第二届展览举办。

1900 年　尽管未完成，克里姆特的《哲学》（图 6），也就是“学院组画”中的第一幅，获得了巴黎世博会金奖。

1901 年　维也纳媒体广泛攻击克里姆特的“学院组画”，国会开会讨论这一议题。

1902 年　分离派展厅展示了马克斯·克林格尔的贝多芬雕像，克里姆特为展览绘制了壁画（图 25 以及彩色图版 19—22）。

1903 年　维也纳工坊成立。

1904 年　归还“学院组画”的预付款，并收回画作。受委托为位于布鲁塞尔的斯托克雷特宫绘制镶嵌壁画（参见图 11 以及彩色图版 30—32）。

1905 年　分离派一分为二，克里姆特及其朋友成立克里姆特小组。

1908 年　《吻》（彩色图版 36）在第一届维也纳艺术展上展出，后被政府收购。

1918 年　1 月 11 日中风，2 月 6 日去世。

参考文献

Alessandra Comini, *Gustav Klimt*, London, 1975

Alice Strobl, *Gustav Klimt, Die Zeichnungen* 1878–1918, Salzburg, 1980–9

Angelica Bäumer, *Gustav Klimt, Women,* London, 1986

Johannes Dobai, *Gustav Klimt, Landscapes,* London, 1988

Gottfried Fliedl, *Gustav Klimt 1862–1918, The World in Female Form*, Cologne, 1989

T Stooss and C Doswald (eds.), *Gustav Klimt,* exhibition catalogue, Kunsthaus, Zürich, 1992

Wolfgang G Fischer, *Gustav Klimt and Emilie Flöge, An Artist and his Muse,* London, 1992

Gerbert Frodl, *Klimt*, London, 1992

Peter Vergo, *Art in Vienna 1898–1918, Klimt, Kokoschka, Schiele and their Contemporaries*, 3rd edition, London, 1993

Patrick Werkner, *Austrian Expressionism, The Formative Years*, Palo Alto, CA, 1993

Frank Whitford, *Gustav Klimt*, London, 1993

Christian M Nebehay, *Gustav Klimt, From Drawing to Painting*, London, 1994

Angela Völker, *Textiles of the Wiener Werkstätte 1910–1932*, London, 1994

插图列表

彩色图版

17 阿特尔湖心岛
约 1901 年；布上油彩；
100cm × 100cm ；私人收藏

18 山毛榉树林一号
约 1902 年；布上油彩；100cm × 100cm ；
新大师美术馆，德累斯顿

19 渴求幸福（贝多芬长卷局部）
1902 年；石膏上酪酸涂料；高 2.2m ；
奥地利美泉宫博物馆，维也纳

20 邪恶的力量（贝多芬长卷局部）
1902 年；石膏上酪酸涂料；高 2.2m ；
奥地利美泉宫博物馆，维也纳

21 诗歌（贝多芬长卷局部）
1902 年；石膏上酪酸涂料；高 2.2m ；
奥地利美泉宫博物馆，维也纳

22 天使唱诗班（贝多芬长卷局部）
1902 年；石膏上酪酸涂料；高 2.2m ；
奥地利美泉宫博物馆，维也纳

23 艾蜜丽 · 芙洛格像
1902 年；布上油彩；181cm × 84cm ；
维亚纳历史博物馆，维也纳

24 希望一号
1903 年；布上油彩；189cm × 67cm ；
加拿大国家美术馆，渥太华

25 赫米内 · 加里亚像
1903—1904 年；布上油彩；
170cm × 96cm ；国家美术馆，伦敦

26 水蛇一号
1904—1907 年；羊皮纸上水粉、金粉；
50cm × 20cm ；
奥地利美泉宫博物馆，维也纳

27 女人的三个阶段
1905 年；布上油彩；178cm × 198cm ；
国家现代艺术美术馆，罗马

28 玛格丽特 · 斯通博罗 · 维特根斯坦像
1905 年；布上油彩；180cm × 90cm ；
新绘画陈列馆，慕尼黑

29 葵花园
1905—1906 年；布上油彩；110cm × 110cm ；
奥地利美泉宫博物馆，维也纳

30 期望（斯托克雷特宫壁画局部样稿）
1905—1909 年；纸上蛋彩、水彩、金粉、
银和青铜合金、粉笔、铅笔、白漆；
193cm × 115cm ；
奥地利实用艺术博物馆，维也纳

31 满足（斯托克雷特宫壁画局部样稿）
1905—1909 年；纸上蛋彩、水彩、金粉、
银和青铜合金、粉笔、铅笔、白漆；
194cm × 121cm ；
奥地利实用艺术博物馆，维也纳

32 生命之树（斯托克雷特宫壁画局部样稿）
1905—1909 年；纸上蛋彩、水彩、金粉、
银和青铜合金、粉笔、铅笔、白漆；
194cm × 118cm ；
奥地利实用艺术博物馆，维也纳

33 弗里茨 · 李德勒像
1906 年；布上油彩；153cm × 133cm ；
奥地利美泉宫博物馆，维也纳

34 阿德勒 · 布洛赫 – 鲍尔像一号
1907 年；布上油彩、金箔；
138cm × 138cm ；
奥地利美泉宫博物馆，维也纳

35 达娜厄
1907—1908 年；布上油彩；
77cm × 83cm ；私人收藏

36 吻
1907—1908 年；布上油彩；
180cm × 180cm ；
奥地利美泉宫博物馆，维也纳

37 阿特尔湖畔的卡默城堡一号
约 1908 年；布上油彩；
110cm × 110cm ；
国家美术馆，布拉格

38 朱迪斯二号
1909 年；布上油彩；178cm × 46cm ；
现代艺术博物馆，威尼斯

39 戴帽和羽毛围巾的女人
1909 年；布上油彩；69cm × 55cm ；
奥地利美泉宫博物馆，维也纳

40 玛丹 · 普里玛维奇像
1912 年；布上油彩；
150cm × 110.5cm ；
大都会艺术物馆，纽约

41 阿德勒 · 布洛赫 – 鲍尔像二号
1912 年；布上油彩；190cm × 120cm ；
奥地利美泉宫博物馆，维也纳

42 苹果树二号
约 1916 年；布上油彩；80cm × 80cm ；
奥地利美泉宫博物馆，维也纳

43 阿特尔湖畔的里茨尔贝格酒庄
1915—1916 年；布上油彩；
110cm × 110cm ；私人收藏

44 阿特尔湖畔乌特阿赫教堂
1916 年；布上油彩；
110cm × 110cm ；私人收藏

45 弗雷德里克 – 玛利亚 · 贝尔像
1916 年；布上油彩；168cm × 130cm ；
大都会艺术博物馆，纽约

46 仰躺的裸女
约 1914—1916 年；纸上蓝铅笔；
36.9cm × 56cm ；
维也纳历史博物馆，维也纳

47 婴儿
1917—1918 年；布上油彩；
110cm × 110cm ；
国家美术馆，华盛顿

48 新娘（未完成）
1917—1918 年；布上油彩；
166cm × 190cm ；私人收藏

文中插图

1 莫里茨 · 那赫摄
克里姆特身着画袍，怀抱一只猫，
站在位于维也纳约瑟夫城 21 号的画室的
前院中
1912 年；照片；
奥地利国家图书馆，维也纳

2 旧城堡剧院的礼堂
1888 年；纸上水粉；82cm × 92cm ；
维也纳历史博物馆，维也纳

3 由爱丽丝 · 施特罗布尔复原的
“学院组画”的穹顶场景

4 阿尔弗雷德 · 罗勒绘《圣春》第一期封面
1898 年；石版画；30cm × 29cm

5 第一版维也纳分离派的海报（删减版）
1898 年；石版画；64cm × 47cm ；
维也纳历史博物馆，维也纳

6 哲学（初版）
1899—1907年；布上油彩；430 × 300cm；
毁于 1945 年伊门多夫宫博物馆的大火

7 医学
1900—1907 年；布上油彩；
430cm × 300cm ；
毁于 1945 年伊门多夫宫博物馆的大火

8　魏森巴赫阿特尔湖畔的林务官小屋
1912 年；布上油彩；110cm × 110cm ；
私人收藏

9　卡默城堡公园中的大道
1912 年；布上油彩；110cm × 110cm ；
奥地利美泉宫博物馆，维也纳

10　法学
1900—1907 年；布上油彩；
430cm × 300cm ；
毁于 1945 年伊门多夫宫博物馆的大火

11　斯托克雷特宫的餐厅，照片中展示了
克里姆特设计的壁画、镶嵌画
日期未知；照片

12　索尼娅 · 尼普斯像
1898 年；布上油彩；145cm × 145cm ；
奥地利美泉宫博物馆，维也纳

13　詹姆斯 · 麦克尼尔 · 惠斯勒绘
肤色与粉色的交融：
弗朗西斯 · 莱兰夫人像
1871—1873 年；布上油彩；
195.9cm × 102.2cm ；弗里克美术馆，纽约

14. 男爵夫人伊丽莎白 · 巴霍芬像
约 1914 年；布上油彩；180cm × 128cm ；
波恩美术馆，巴塞尔

15. 亚当和夏娃（未完成）
1917—1918 年；布上油彩；
173cm × 60cm ；
奥地利美泉宫博物馆，维也纳

对比插图

16. 弗雷德里克 · 莱顿勋爵绘
缠绕纱线
1878 年；布上油彩；100cm × 161cm ；
新南威尔士美术馆，悉尼

17　费迪南德 · 赫诺普夫绘
斯芬克斯
1896 年；布上油彩；
50.5cm × 150cm ；
比利时皇家美术博物馆，布鲁塞尔

18　雨后
1899 年；布上油彩；80cm × 40cm ；
奥地利美泉宫博物馆，维也纳

19　冷血
1898 年；纸上钢笔、墨水；
29.8cm × 28.8cm ；
维也纳历史博物馆，维也纳

20　赤裸的真相（素描稿）
1898 年；纸上碳笔、铅笔、钢笔、墨水；
41cm × 10cm ；
维也纳历史博物馆，维也纳

21　詹姆斯 · 麦克尼尔 · 惠斯勒绘
白色交响曲一号：白色姑娘
1862 年；布上油彩；
214.6cm × 108cm ；
国家美术馆，华盛顿

22　音乐二号
1898 年；布上油彩；150cm × 200cm ；
毁于 1945 年伊门多夫宫博物馆的大火

23　克劳德 · 莫奈绘
查令十字桥（阴天）
1900 年；布上油彩；
60.6cm × 91.5cm ；波士顿美术馆，
波士顿，马萨诸塞州

24　生活即抗争
1903 年；布上油彩；100cm × 100cm ；
私人收藏

25　第十四届分离派展览的展厅，也就是
克里姆特的《贝多芬长卷》展出的地方
1902 年；照片；
阿尔贝蒂娜博物馆，维也纳

26 迪奥拉·本达夫人摄
艾蜜丽·芙洛格
1909 年；照片；
奥地利美泉宫博物馆，维也纳

27 希望二号
1907—1908 年；布上油彩；
110cm × 110cm ；
现代艺术博物馆，纽约

28 埃贡·席勒绘
水妖一号
1907 年；纸上水粉、彩色蜡笔、金粉、
银粉；24cm × 48cm ；私人收藏

29 詹姆斯·迪索绘
人像（洛伊德小姐）
1876 年；布上油彩；
91.4cm × 50.8cm ；
泰特美术馆，伦敦

30 向日葵
1906—1907 年；布上油彩；
110cm × 110cm ；私人收藏

31 梅里莫斯坐像
约公元前 1380 年；
花岗闪长岩；高 69cm ；
艺术史博物馆，维也纳

32 一副埃及棺材的下半部
约公元前 1000 年；木、亚麻、石膏、
彩色颜料和清漆；高 120cm ；
艺术史博物馆，维也纳

33 勒达
1917 年；布上油彩；99cm × 99cm ；
毁于 1945 年伊门多夫宫博物馆的大火

34 黑色羽毛帽
1910 年；布上油彩；
79cm × 63cm ；私人收藏

35 苹果树一号
约 1912 年；布上油彩；
110cm × 110cm ；
奥地利美泉宫博物馆，维也纳

36 拥抱
1908 年；纸上铅笔；55cm × 35cm ；
维也纳历史博物馆，维也纳

37 处女
1913 年；布上油彩；190cm × 200cm ；
国家美术馆，布拉格

1

狄奥尼索斯祭坛（天顶画局部）

The Altar of Dionysus

1886—1888 年；石膏上油彩；城堡剧院，维也纳

艺术家公司的早期项目之一就是为新城堡剧院的两架楼梯装饰天顶画，新城堡剧院是环城大道发展时期最重要的建筑之一。这是一项受人尊敬的工作，剧院的公司是德语国家中的翘楚。维也纳人非常重视观剧活动，这个项目的一部分酬劳就是以免费的季票形式来支付的。

这组天顶画一共包含 10 幅画作——囊括了从远古到巴洛克时期的主题——由城堡剧院导演阿道夫·冯·维尔德勃兰特（Adolf von Wildbrandt）选取。古斯塔夫·克里姆特、恩斯特·克里姆特以及弗朗兹·马奇通过抽签来决定谁画哪幅。克里姆特负责其中五幅作品，于 1886 年至 1888 年间绘就，它们分别是：《狄奥尼索斯祭坛》、《陶尔米亚的剧院》（*The Theatre of Taormina*）、《阿波罗祭坛》（*The Altar of Apollo*）、《泰斯庇斯的篷车》（*The Thespian Cart*）以及《伦敦环球剧院》（*The Globe Theatre in London*），最后一幅画中有克里姆特唯一的自画像。

克里姆特在维也纳诸多的博物馆中寻求参考和灵感，在成作中，他的折中主义倾向十分明显。《狄奥尼索斯祭坛》显然借鉴了两个在 19 世纪末风靡英国画家的作品，一位是劳伦斯·阿尔玛－塔德玛爵士（Sir Lawrence Alma-Tadema，1836—1912 年），另一位是弗雷德里克·莱顿勋爵（Lord Frederic Leighton，1830—1896 年）。其画中人物静态的姿势、多以侧面出现的人物（对古典雕带的致敬）、严谨的绘画技法、对褶皱的布料和用色的重视，所有以上都显示了维多利亚时期画家对克里姆特风格的影响（见图 16）。

城堡剧院的绘画获得了巨大的成功，人们欣赏画中多变的技法、富有创造性的构图以及艺术家煞费苦心的准备工作。此外，画作的逼真程度使观众们身临其境般穿梭于过往时代，进而在剧院伟大的古典主义传统中寻得了自我认同。毋庸置疑，19 世纪 90 年代的维也纳可被视作古希腊－古罗马文明顺其自然且名副其实的继承者。

图 16

弗雷德里克·莱顿勋爵绘
缠绕纱线

1878 年；
布上油彩；
100cm×161cm；
新南威尔士美术馆，悉尼

2

埃及艺术一号、埃及艺术二号、古希腊一号、古希腊二号

Egyptian Art I and II, Greek Antiquity I and II

1890—1891 年；石膏上油彩；拱肩高 230cm；艺术史博物馆，维也纳

在环城大道发展时期，克里姆特和他的搭档拿到了另一个项目，同城堡剧院工作类似，是为宫廷艺术史博物馆，也就是今天的维也纳艺术史博物馆（Kunsthistorisches Museum）做装饰画，其主旨在于展现皇家资助的慷慨、显赫。计划中的装饰由 13 幅画作组成，全权由该馆的实用艺术部主管阿尔伯特 · 艾尔吉（Albert Ilg）起草，他选择通过描绘绘画的数个时期，强调艺术的发展变化：古埃及、古希腊、15 世纪的罗马和威尼斯，以及意大利文艺复兴。

克里姆特和他的搭档被要求认真研习馆藏中的远古艺术，并且谨遵历史主义的条条框框。这些画作清晰地展现了克里姆特对细节的重视。门廊上方的空间形状怪异，但克里姆特和他的同伴还是熟练地解决了这一构图难题。在给予每一个文化传统相应的属性和风格特征的同时，克里姆特还将它们高度拟人化。这组装饰画是三人合作的最后一个大项目，克里姆特的弟弟于 1892 年 12 月辞世。

3

爱

Love

1895 年; 布上油彩; 60cm×40cm ; 维也纳历史博物馆, 维也纳

克里姆特的第二部作品集，就是为格拉赫《寓言与象征》创作的插图，其中对于爱情的描绘堪称经典。在画中，克里姆特不仅描绘了一对爱人，更开拓了一个广阔的世界图景。画中的两个主要人物就像舞台上被观众注视着的演员，看着他们的是三颗分别象征着年轻、衰老和死亡的女人头颅，表现出生命与爱情的转瞬即逝和残酷无情。在克里姆特余下的诸多画作中，都是通过这种寓言和象征的方式来运用女性人物。

克里姆特绘画生涯中的一个显著特点首次出现在这幅画中——对画框的运用。这个描花的画框占据了近一半的画幅，分列图像两侧，营造出画中画的效果。克里姆特画上了数朵写实的玫瑰，这些玫瑰作为画中画的铺垫，在画中写实主义的人物与画框上平涂的颜色之间搭建了一座视觉桥梁。玫瑰的娇艳以及它浪漫主义的含义也暗指画中的爱人。

GVSTAV KLIMT

4

演员约瑟夫·列文斯基饰演的卡洛斯

Hofburg Actor Josef Lewinsky as Carlos

1895 年；布上油彩；64cm×44cm；奥地利美泉宫博物馆，维也纳

如画面上方的金板题刻所示，这幅人像同《爱》(彩色图版 3）一样，都包含着一个独特的视觉符号——戏剧场景。画中演员摆出来的姿势、右上方手持面具的姑娘、第三个滴水兽一样的头颅，均说明画作呈现的是演员在舞台上的姿态，是演员为观者仔细观摩而摆出来的。

与《爱》一样，画框的设置是为了进一步说明画作主体。通过画框与其上花纹的对比、画框上程式化的德尔菲三角架（Delphic Tripod）的图像与写实的列文斯基肖像的对比、装饰性的树叶以及它们投下的阴影和三尊头像——生活、面具和雕像，一股强大的张力油然而生。这种综合效应是为了让观者去思考何者为真：无论一幅肖像画画得是否逼真，它其实不过就是一系列蘸着颜料的笔触的堆砌。

无独有偶，克里姆特在随后的数个画作中都加入了字母，如《赤裸的真相》(彩色图版 11)、《约瑟夫·佩姆鲍尔像》(彩色图版 14）和《朱迪斯一号》(彩色图版 15)。这与克里姆特当时沉迷于平面设计和版画不无关联，在他 19 世纪 90 年代的写生簿中，尽是关于字母和排版的实验性手稿。

IOSEF LEWINSKY
ALS CARLOS IN CLAVIGO
GVSTAV KLIMT

5

音乐一号

Music I

1895 年；布上油彩；37cm×45cm；新绘画陈列馆，慕尼黑

这件小幅油画作品，是克里姆特第一次涉猎音乐主题。它是为一对组画［另请参阅《音乐二号》（图 22）和《钢琴旁的舒伯特》（彩色图版 13）］作的一幅习作，委托人是居住在维也纳的工业家尼古劳斯·杜巴（Nikolaus Dumba）。最终的成品被悬挂于音乐厅大门上的墙板上，以此来提升音乐氛围。

到了 1895 年，克里姆特迫切地想要建立自己的绘画风格，然而，在这幅画中，克里姆特把截然不同的主题和方法揉捏在一起，效果并不好。七弦琴借鉴了古典时期花瓶上的图案，右手边斯芬克斯似的头像，与平面化的七弦琴恰好相反，该头像十分写实。在那时，斯芬克斯图形因其谜一样、含糊不清的内涵广受艺术家的喜爱。根据古典神话，斯芬克斯驻守在忒拜（Thebes）城外，问过往的路人谜语，若来人不能答上它的谜语，就会被它吃掉，而这都是拉伊俄斯所犯下的罪孽所招致的惩罚，珀罗普斯曾收留出逃的拉伊俄斯，但拉伊俄斯却绑架了恩人的儿子，因而为其家人带去了诅咒。只有拉伊俄斯的儿子——俄狄浦斯答上了斯芬克斯的问题，俄狄浦斯自己活命了，但却杀了他的父亲。这个故事成为与克里姆特同时代的西格蒙德·弗洛伊德的著作的母题，或许，当时的哲学探究与画家绘制斯芬克斯图案的动因不无关系。

19 世纪 90 年代初期，克里姆特还是奥地利美术家协会的会员，奥地利美协当时组织了数次展览，包括一些同时代欧洲艺术家的作品，其中比利时象征主义画家费迪南德·赫诺普夫（Ferdinand Khnopff，1858—1928 年）的画作给克里姆特留下了深刻印象。1898 年，在克里姆特绘制了《音乐一号》后的第三年，赫诺普夫被邀请参加第一届分离派展览，《斯芬克斯》（*The Sphimx*，图 17）就是赫诺普夫展出的二十幅作品之一。在克里姆特的其他作品，如《音乐二号》（*Music II*，图 22）和《哲学》（图 6）中，斯芬克斯的形象再度出现，分别代表了符号化的、对人类知识的考验。

图 17

费迪南德·赫诺普夫绘
斯芬克斯

1896 年；布上油彩；
50.5cm×150cm；
比利时皇家美术博物馆，
布鲁塞尔

6

悲剧的寓言（完成素描稿）

Allegory of Tragedy

1897 年；黑粉笔、钢笔、淡彩、金粉；42cm×31cm；维也纳历史博物馆，维也纳

此作与《爱》都是格拉赫豪华著作《寓言与象征》的插图，画作中的诸多元素曾在克里姆特其他作品中出现过：位于中央的、写实的人物；三边宽阔的画框以及画框上风格化的女人像和装饰；源于不同文化的图案——例如在人像前面的罗马柱头，人像背后的取材于远古花瓶和中国龙的轮廓背景；面具的运用——画中的面具目瞪口呆，神情很像《演员约瑟夫·列文斯基饰演的卡洛斯》（彩色图版 4）中的头颅；画中的字母；用金粉强调点缀的特定区域——圆形耳环与上方大写字母 O 两相呼应，引导观者在画中寻找更多的圆形图案。

克里姆特常用图案之一首次在画中出现——沉重的、装饰感强烈的项圈。与在《朱迪斯一号》（彩色图版 15）和《阿德勒·布洛赫-鲍尔像一号》（彩色图版 34）中的不同，这里的项圈主要达到分离头部和身体的视觉效果。在这幅画中，观众被引导去思考作为“生者”的女性与她手中的面具之间的关系。

TRAGOEDIE
GUSTAV
KLIMT
1897.

7

帕拉斯·雅典娜

Pallas Athene

1898 年；布上油彩；75cm×75cm；维也纳历史博物馆，维也纳

帕拉斯·雅典娜丰碑式的雕像就伫立在维也纳的国会大厦外面，分离派成员继承了这一历史主义学派的标志。作为慕尼黑分离派象征的慕尼黑画家弗朗茨·冯·施图克（Franz von Struck，1863—1928 年）也继承了这一标志。雅典娜出现在了分离派第一届展览的海报上（图 5），海报由克里姆特亲自设计。

克里姆特还绘制了另一幅帕拉斯·雅典娜的画像，大体上照搬了维也纳的雅典娜雕塑。克里姆特并没有表现雅典娜的历史重要性，而是聚焦于她世俗的诱惑力——她并非一位来自于过去的遥不可及的女神，而是一头红发的魅惑的美人。她的外形被刻意绘制得与当时维也纳女性相近，使得观者更容易产生认同感。画中的另一个性感尤物（femme fatale）是微缩的奈基（Nike）或胜利女神（Victory）像，她以另外的面目出现在《赤裸的真相》（彩色图版 11）中。帕拉斯·雅典娜将胜利女神小雕像握在手中。雅典娜华丽的胸甲上饰有一个美杜莎面具，在她身后，是从阿提卡花瓶上借鉴而来的黑色侧面人像，克里姆特用深浅不一的肤色色调来区分这些人像的性别。克里姆特在绘制《亚当和夏娃》（图 15）时重复地运用了这一方法。出乎意料的是，当这幅画在 1898 年的第二届分离派展览上展出时，画中的鼻甲遭到了大多数媒体的指摘——虽然这是对古代雅典娜形象精确的复制，而画中的胜利女神像却无人问津。

《帕拉斯·雅典娜》的画框是克里姆特与其弟格奥尔格·克里姆特共同完成的。格奥尔格与他们的父亲一样，都是雕刻家，擅长做金属制品。他为这幅画做了一个带浮雕的铜制画框，画框的上边雕刻了女神的名字，也是画作的标题，画框两侧雕刻了装饰性的漩涡，与胸甲上的花纹相呼应。

此画的正方形画幅是一次全新的尝试。自 1898 年以来，克里姆特借助这种画幅进行了多种构图实验，这种画幅通常被认为难以维持平衡和引发兴趣。雅典娜的手肘呈直角弯曲，她对称的动作、方形的肩甲以及胜利女神横向伸展的双臂，被作为构图中唯一不稳定因素的、斜立着长矛所平衡。同年的《索尼娅·尼普斯像》（图 12）也是正方形画幅，但构图是对角线式的，其中人像占据了一半，另一半几乎是空白。

8

卡默城堡公园中的静谧池塘

Quiet Pond in the Park at the Schloss Kammer

1899 年；布上油彩；74cm×74cm；私人收藏

图 18

雨后

1899 年；布上油彩；80cm×40cm；奥地利美泉宫博物馆，维也纳

克里姆特的头四幅风景画都是在 1898 年和 1899 年的夏天绘制的，都带有《爱》（彩色图版 3）和《演员约瑟夫 · 列文斯基饰演的卡洛斯》（彩色图版 4）的形式风格。其中《雨后》（*After the Rain*，图 18）以其富有情调的氛围和柔和的色调而成为个中典型。在乡间，面对着自然万物的盈虚消长，克里姆特似乎感受到了一丝安宁。这些渺无人烟的景象与克里姆特所处的纷乱的都市生活相去甚远，要知道，当时的克里姆特正深陷“学院组画”的喧嚣之中。

《雨后》中的树干被画幅上沿拦腰截断，这一构图方法使树木平面化，把它们变为纯粹的图案，这一方法或许是受到了在当时广受欢迎的日本风（Japonisme）的启发。无论如何，克里姆特在绘制风景画时反复回归这一主题，例如《山毛榉树林一号》（彩色图版 18）。

高高的地平线是惠斯勒许多风景画的特征，惠斯勒是克里姆特十分崇敬的艺术家（见图 13 和图 21）。在绘制了数幅风景画后，克里姆特开始采用正方形画幅，在这些正方形画幅的作品中，地平线往往都极低或极高，正如右图一样。虽然克里姆特并未采用黄金分割比例——也就是传统的构成比方法（在将整体一分为二后，较小部分与较大部分的比例等于较大部分与整体的比例，这一比例约为 8：13），但他的画面稳定，所呈现出的永恒感与印象派试图捕捉流逝的瞬间的意图截然相反。

9

流水

Flowing Water

1898 年; 布上油彩; 52cm×65cm ; 私人收藏

图 19

冷血

1898 年; 纸上钢笔、墨水;
29.8cm×28.8cm ;
维也纳历史博物馆,
维也纳

显而易见，克里姆特所绘的水中女人图是性感的。水流包裹着曼妙的躯体，充满情欲地爱抚着恣意放荡的肉体。同样，克里姆特作品中的头发也是饱含着情色意味的，这一点同当时维也纳的现实一样。画中女人飘逸的长发加强了作品的色情感。画面右下角有一副双目圆瞪的男性面孔，他猥琐地窥视着上方的女人。

《流水》显然衍生于克里姆特的钢笔画《冷血》（*Fish Blood*，图 19），《冷血》被《圣春》第三期收录其中。克里姆特似乎很喜欢绘制钢笔画，或许是因为颜色的缺失，他得以专注于构图。与同年的作品《索尼娅 · 尼普斯像》（图 12）一样，《冷血》也是从左下到右上的对角线构图，只不过这一次，画中主体占据了上方的空间。在《索尼娅 · 尼普斯像》的画面左上角，克里姆特画了一小支花，以平衡构图。但在《冷血》中，画面右下角除了克里姆特的签名，再无他物，这种构图却不会破坏画面平衡。画面左下方的鱼在《金鱼》（彩色图版 16）中再度出现。克里姆特在之后的两幅作品——《水蛇一号》（彩色图版 26）和《水蛇二号》（私人收藏）中都探索了水中女性的情色主题。的确，这两幅作品也被称作“女友一号”和“女友二号”。

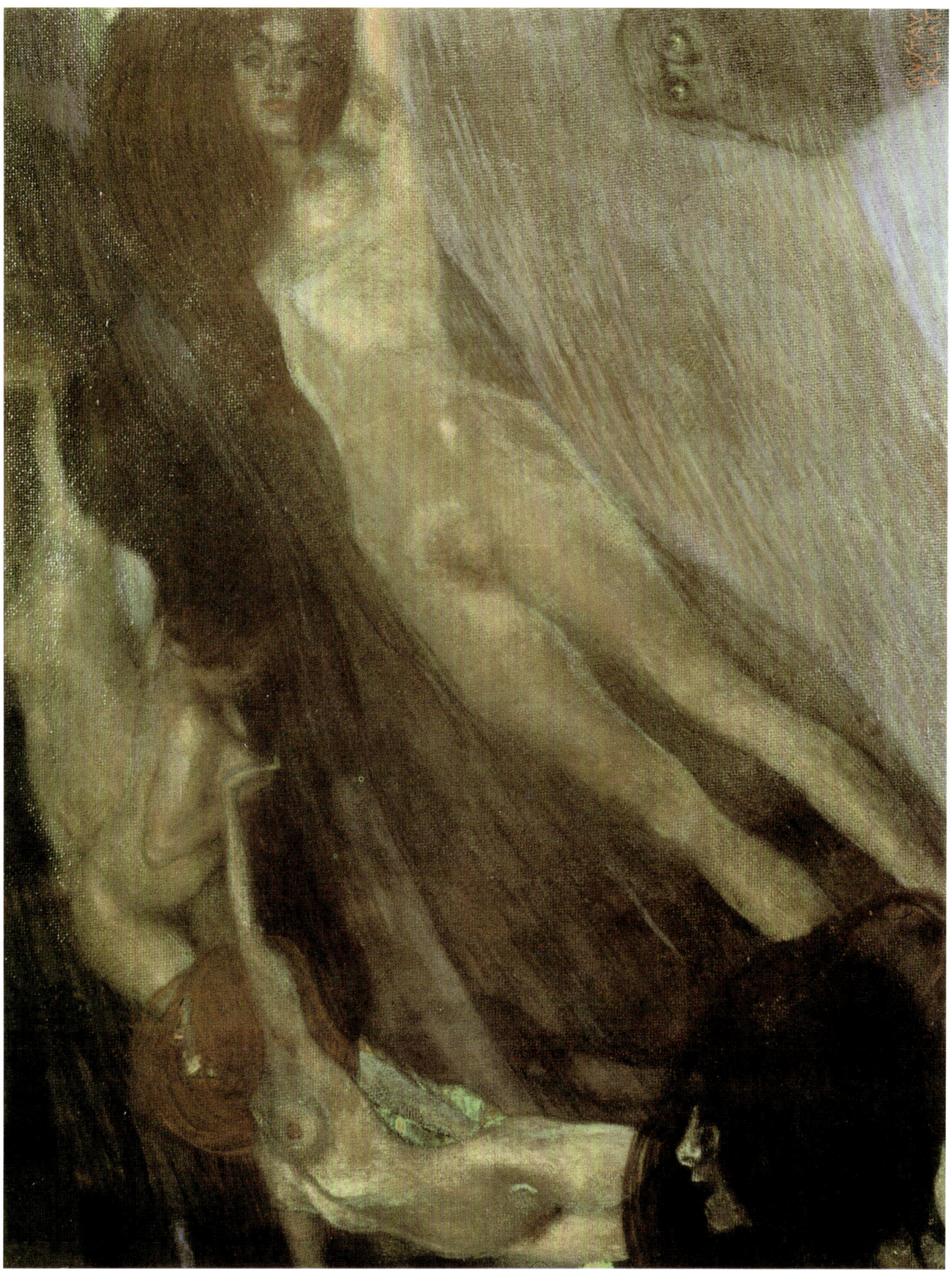

10

人鱼

Mermaids

约 1899 年；布上油彩；82cm×52cm；私人收藏

同《流水》（彩色图版 9）一样，《人鱼》也是一幅关于水流和女人体情欲感官的作品。《人鱼》作于“学院组画”中的《法学》（图 10）的前一年。两幅作品中的女人头发都像带着发套一样，而身体轮廓都像极了男性生殖器。由于“学院组画”在 1945 年的大火中被烧毁了，我们只能从当时的评论家路德维希·希维西的笔记中窥知一二：“《法学》中涂满了黑色和金色。”人鱼危险的、掠夺的天性，加上画中人鱼被着重强调过的眼睛、眉毛和嘴唇都暗示着她们是塞壬之类的女妖。《流水》中的男性偷窥者或许已经机灵地逃走了。

在克里姆特的女人画中，头发几乎都作为表现色情的元素，在长发的掩映下，女性肉体时隐时现。克里姆特对于描绘阴毛一事几乎无所顾忌，哪怕是政府资助的作品。在那时，其他的欧洲人，比如英国人才刚刚从罗斯金对于这一细节的警告中摆脱出来。《冷血》只画出了双腿并拢的女性阴部，但《流水》却清晰无误地画出了毛茸茸的一片红毛。同样的区别还见于《赤裸的真相（素描稿）》（*drawing for Nuda Veritas*，图 20）和《赤裸的真相》（彩色图版 11）的完稿。但最轰动一时的莫过于《希望一号》（彩色图版 24）中的阴毛，图中不仅画有红色的阴毛，还有怀孕的女人，该画一经问世就在维也纳掀起了轩然大波。

11

赤裸的真相

Nuda Veritas

1899 年；布上油彩；252cm×56cm；奥地利国家图书馆，维也纳

图 20
赤裸的真相（素描稿）

1898 年；纸上碳笔、
铅笔、钢笔、墨水；
41cm×10cm；
维也纳历史博物馆，维也纳

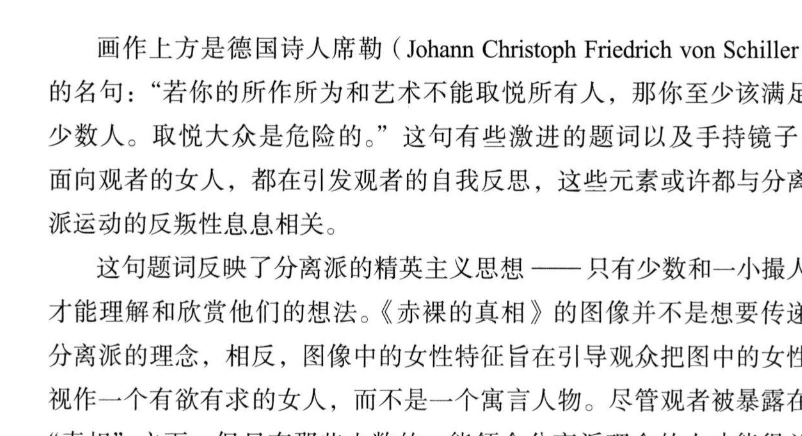

画作上方是德国诗人席勒（Johann Christoph Friedrich von Schiller）的名句："若你的所作所为和艺术不能取悦所有人，那你至少该满足少数人。取悦大众是危险的。"这句有些激进的题词以及手持镜子、面向观者的女人，都在引发观者的自我反思，这些元素或许都与分离派运动的反叛性息息相关。

这句题词反映了分离派的精英主义思想——只有少数和一小撮人才能理解和欣赏他们的想法。《赤裸的真相》的图像并不是想要传递分离派的理念，相反，图像中的女性特征旨在引导观众把图中的女性视作一个有欲有求的女人，而不是一个寓言人物。尽管观者被暴露在"真相"之下，但只有那些少数的、能领会分离派理念的人才能得益于图中的真相。

《赤裸的真相》一图的完成素描稿（图 20）在分离派刊物《圣春》上发布，画作的基本构图都是一致的，除了油画底部新添的蛇和上方变动过文字。

《赤裸的真相》一图被剧作家兼评论家赫尔曼·巴尔（Hermann Bahr）购买。自分离派成立之初，巴尔就是其坚定的支持者，同时还是《圣春》编辑部的顾问。正是在巴尔的鼓动下，《圣春》才得以问世，他说："奥地利居然没有一本广泛传播且被精心编辑的插图本艺术杂志，这实在太丢人了。这种情况妨碍了艺术家的成名，有这样的刊物会对他们有益。"巴尔曾委托建筑师约瑟夫·马里亚·奥尔布里希为他修建一栋房屋，其中书房里的壁板就是为了搭配克里姆特的画作而特别设计的。

KANNST DU
NICHT ALLEN
GEFALLEN DURCH
DEINE THAT UND DEIN
KUNSTWERK
MACH ES
WENIGEN RECHT.
VIELEN GEFALLEN
IST SCHLIMM.
SCHILLER.
NUDA
VERITAS.

12

赛琳娜·莱德勒像

Portrait of Serena Lederer

1899 年；布上油彩；188cm×85.4cm；大都会艺术博物馆，纽约

图 21

詹姆斯·麦克尼尔·惠斯勒绘
白色交响曲一号：白色姑娘

1862 年；布上油彩；
214.6cm×108cm；
国家美术馆，华盛顿

由于《索尼娅·尼普斯像》（图 12）的成功，赛琳娜·莱德勒委托克里姆特为自己画一幅人像。这幅画作狭长，除了没有早期作品中宽阔的画框，很像《演员约瑟夫·列文斯基饰演的卡洛斯》（彩色图版 4）的中间部分的画幅。

这幅人像固然非常优秀，然而，它与惠斯勒作品非常相似，特别是那幅《白色交响曲一号：白色姑娘》（*Symphony in White No.1: The White Girl*，图 21）。直到 1906 年造访伦敦以前，克里姆特都只看过惠斯勒作品的黑白印刷版，但两幅作品无论是从构图、用色还是技法都有异曲同工之妙。克里姆特笔下的人物主体和背景都用了白色，这样一来，人物既能与周边分离，又能融于背景。与惠斯勒的画作一样，画中颜色最深的元素是女孩的头发、眉眼和嘴唇——这种强调无疑是色情的。

莱德勒家族收藏了大量克里姆特的作品，从油画到素描。他们还委托克里姆特为他们的女儿——男爵夫人伊丽莎白·巴霍芬——创作了一幅画像（图 14）。在克里姆特死后不久的那次展出了二百余幅手稿的展览上，赛琳娜·莱德勒到场并询问整场展览的耗资，之后她把整批画作都买了下来。但莱德勒家族收藏的克里姆特作品却命途多舛，1938 年，当奥地利被德国吞并时，除了家族画像之外的整套收藏都被充公了，其中的许多作品，包括“学院组画”［《哲学》（图 6），《医学》（图 7），《法学》（图 10）］和《钢琴旁的舒伯特》都被移至伊门多夫宫，并在 1945 年的大火中毁于一旦。赛琳娜·莱德勒本人曾跟随克里姆特学习素描，其子艾里希也曾跟随埃贡·席勒学习绘画。艾里希在 1938 年移居日内瓦，才得以从官方收回他收藏的克里姆特和席勒的作品。

GVSTAV
KLIMT

13

钢琴旁的舒伯特

Schubert at the Piano

1899 年; 布上油彩; 150cm×200cm ; 毁于 1945 年伊门多夫宫博物馆的大火

1898 年，工业家尼古劳斯·杜巴委托当时的一位时髦画家汉斯·马卡特（Hans Makart），以及弗朗兹·马奇和古斯塔夫·克里姆特为他奢华的公寓中的三个房间做装饰，除了画作，还包括家具。为了完成这个项目，克里姆特需面对从未触及过的难题：为私人雇主的内室绘制两幅悬挂在门梁上方墙板处的油画。

克里姆特被分派负责音乐室的装饰。从一幅存世的水粉画中，我们能看出克里姆特曾在脑中构思画作和房间中其他装饰之间的关联。其中的一幅油画，也就是《音乐二号》（图 22），是一幅寓言式画作，从中能看到早期作品的踪迹。而另一幅作品《钢琴旁的舒伯特》则面貌一新。舒伯特在那时无疑是广受欢迎的，或许正是杜巴本人要求把舒伯特画在其中的，他恰巧也是克里姆特本人喜爱的作曲家。此画的特别之处在于：画中的舒伯特并非以精确的历史再现手法被呈现的，画中的聆听者穿着当代的衣服，微弱的烛光溶解着画面中的元素，画中人物的空间关系也就难以判断了，只有舒伯特本人的侧影有着清晰的聚焦。画面左侧的女人名叫玛丽·齐默尔曼（Marie Zimmermann），她是克里姆特的情人之一，为画家生了两个儿子。

舒伯特所在的时期算不上历史上的闪耀时刻（与早期为城堡剧院所作装饰画中的时代相比，见彩色图版 1），但它是处于世纪之交的维也纳的写照。克里姆特为音乐室所作的两幅作品试图说明：过去即当下。《音乐二号》中的古董、看上去十分现代的女性形象，以及舒伯特生活的比德迈厄时期——这些元素共同构成了当下。

图 22

音乐二号

1898 年; 布上油彩;
150cm×200cm ;
毁于 1945 年
伊门多夫宫博物馆的大火

14

约瑟夫·佩姆鲍尔像

Portrait of Joseph Pembauer

1890 年; 布上油彩; 69cm×55cm ; 蒂罗尔省立博物馆, 因斯布鲁克

在为钢琴家约瑟夫·佩姆鲍尔（Joseph Pembauer）所作的这幅极端写实的肖像中，画有克里姆特毕生作品中最超凡的画框：画框扁平、宽阔，饰有多种显然毫不相干的纹饰，阿波罗伫立在右上角——这位希腊神话中的音乐之神手中正持着七弦琴，而七弦琴的图案同样出现在了人像的背景中，显然是为了说明佩姆鲍尔音乐家的身份。顺时针向下，画框上画有一根爱奥尼亚柱、一条鱼、一把悬挂在绳套上的抹刀——抹刀上的 G 和 S 字样是慕尼黑一家著名的咖啡馆的商标、两个人头、一架和《演员约瑟夫·列文斯基饰演的卡洛斯》（彩色图版 4）中一样的德尔菲三角架，以及一些圆圈和星星。

画作中有限的色域——红、黑和金色——和画框上图案的装饰性效果，使得这幅人像弥漫着富有和奢华的感觉，而对于一位成功的男性钢琴家来说，这再合适不过了。

ANNO·DOMINI·
MDCCCLXXXX·
G·
K·
G·S·

15

朱迪斯一号

Judith I

1901年; 布上油彩; 84cm×42cm ; 奥地利美泉宫博物馆, 维也纳

朱迪斯是《圣经》中的女英雄，为了使其家乡伯图利亚免于战火，她勾引了敌军将领荷罗孚尼，并成功取下他的首级。自中世纪以来，朱迪斯作为一个美德战胜昏庸的典范，围绕着她的艺术创作始终源源不绝。不过，克里姆特笔下的这幅作品并非一个超越时空的寓言，画中的朱迪斯被描绘成一名维也纳社会女性。画中的模特名叫阿德勒·布洛赫－鲍尔，若我们拿此画与布洛赫－鲍尔的画像（彩色图版 34）对比，我们很容易发现二者面貌很相似。克里姆特的画作大致有两类女人，一类是深色头发并有着方方正正的骨骼特征，如《朱迪斯二号》（彩色图版 38）；另一类则是丰满迷人、类似于鲁本斯笔下的女性，例如《金鱼》（彩色图版 16）、《达娜厄》（彩色图版 35）和《勒达》（*Leda*，图 33）中的女性形象。《朱迪斯一号》画中的朱迪斯手持着荷罗孚尼的头颅，一脸淫荡和情迷意乱——这幅画是为了向伟大的巴洛克雕塑家吉安洛伦索·贝尔尼尼（Gianlorenzo Bernini，1598—1680 年）为罗马的胜利之后在圣母堂所作的《圣·特蕾莎的狂喜》（*Ecstasy of St Theresa*）致敬。画面震惊了维也纳。维也纳人不能接受眼前的这个厚颜无耻的妖女，他们心中的朱迪斯是一位为了拯救家乡而牺牲名誉的、虔诚的犹太寡妇，而不是画中的这个满是称心快意的女人。解决办法之一就是将画中女人视作莎乐美，在很长一段时间内，人们都无视画框上的标题，而将画作错误地命名为《莎乐美》。因为在世纪之交，莎乐美的形象突然涌现于欧洲艺术家的创作中，例如奥斯卡·王尔德（Oscar Wilde）、奥伯利·比亚兹莱（Aubrey Beardsley，1872—1898 年）、马克斯·克林格尔等。

从某种角度来说，朱迪斯本人也被斩首了。她脖子上佩带的沉重的项圈一度风靡于 20 世纪早期的维也纳，项圈十分残忍地将她的头颅与身体分割开来。她的身体在衣料下半露半掩。画面下方，风格化的金色带状图案好似她衣服的一个装饰褶边，像一条腰带一样横穿朱迪斯的腹部。作品一经问世，就被克里姆特同时代的瑞士画家费迪南德·霍德勒（Ferdinand Hodler，1853—1918 年）买走，后者的作品也是克里姆特极为欣赏的［见《天使唱诗班》（彩色图版 22）］。

JVDITH
HOLOFERNES

16

金鱼

Goldfish

1901—1902 年；布上油彩；150cm×46cm；杜比·穆勒基金会美术馆，索洛图恩

面对针对“学院组画”的口诛笔伐，克里姆特勃然大怒且萎靡不振，于是他颇为机敏地绘制这幅画作为回击。最初，他将画作命名为《致诽谤者》（*To my Detractors*），但在朋友的建议下，在 1903 年的分离派展览开展之际，克里姆特把即将展出的这件作品改名为《金鱼》。尽管画作更名改姓了，依然激起了媒体人的怒火，或许也不足为奇，画中女人浅笑着挑拨着，毫不忌讳地将其臀部扭向观者。

画中侧面的鱼头近似于《冷血》（图 19）一画。动物常见于克里姆特的作品，《赤裸的真相》（彩色图版 11）中有条蛇，《勒达》（图 33）中有一只天鹅，《法学》（图 10）中有条章鱼，《希望一号》（彩色图版 24）和《邪恶的力量》（彩色图版 20）中有各有一只猿猴，这还不包括诸多装饰作品中不计其数的小鸟和蝴蝶。毋庸置疑，这些鸟兽的出现并非偶然——或许克里姆特时而也将它的爱猫画在画中——作为个性或理念的象征而存在。

17

阿特尔湖心岛

Island in Lake Atter

约 1901 年; 布上油彩; 100cm×100cm ; 私人收藏

克里姆特的《阿特尔湖心岛》和莫奈所绘的《查令十字桥》(*Charing Cvoss Bridge*, 图 23)都有着大面积的水面，但两位画家的兴趣点却迥然不同。莫奈更关心泰晤士河水的外观以及在阴天条件下桥梁的倒影，克里姆特则聚焦湖面真实的水流。

高高的水平线使得从近到远的透视感全无，同样消失的还有重力，因为画中没有广阔的天空。在画布右上角，从小岛长长的倒影中我们得知：小岛实际要远远高出水面，超出了油布的边缘，而倒影还只是小岛实际大小的一部分呢。

一些评论家认为，这样的局部视角传递了对人生的悲观看法，说明逻辑本身并不能阐释世界的全部。1911 年，瓦西里 · 康定斯基(Wassily Kandinsky，1866—1944 年)在其《艺术中的精神》(*Towards the Spiritual in Art*)一书中提到：图像揭示了在自然形态掩饰下的心理状态，他称这些图像为“情致画”(mood painting)。康定斯基指出，通过融入观者的情致，像克里姆特的《阿特尔湖心岛》这样的画作可以深入并美化人的思想。

图 23
克劳德 · 莫奈绘
查令十字桥(阴天)

1900 年; 布上油彩;
60.6cm×91.5cm ;
波士顿美术馆，
波士顿，马萨诸塞州

18

山毛榉树林一号

Beech Forest I

约 1902 年；布上油彩；100cm×100cm；新大师美术馆，德累斯顿

无论是身处丛林之中还是凝视广阔的水面［参见《阿特尔湖心岛》（彩色图版 17）］，克里姆特都能从中收获宁静。虽然树干被画布上沿拦腰截断［同样见于《雨后》（图 18）］，但这种构图并没有带来幽闭恐惧感，相反，画中参天的树干好像是天主教堂中的立柱一样，只不过是由大自然创造出来的。中欧国家有创作关于丛林的寓言画的传统，阿尔布雷希特·阿尔特多费尔（Albrecht Altdorfer，约 1480—1538 年）绘制了史上第一幅风景画，画中的松树参天耸立，冲出了画幅边缘，使人的存在感变得无限渺小。包括格林童话在内的、有关丛林的丰富民间传说或许也成为克里姆特创作的源泉，就如同这些民间传说启发了波西米亚编曲家莱奥什·雅纳切克（Leoš Janáček）一样。

克里姆特并不打算强调森林神秘、黑暗的一面，而是选择描绘一个秋天场景——秋天落叶的颜色十分接近克里姆特偏爱的金色色调，画中细小的笔触营造出与现实中的潮湿、阴暗截然不同的、闪闪发光的效果，垂直穿过画面的、树干间的空隙产生一种音乐节奏感。克里姆特在其他画树的作品中，尝试了绘制其他树种，例如 1903 年的《桦木》（*Birch Wood*，藏于维也纳奥地利美泉宫博物馆），在画中，克里姆特着重描绘了树皮上的图案。

19

渴求幸福（《贝多芬长卷》局部）

The Longing for Happiness

1902 年；石膏上酪酸涂料；高 2.2m；奥地利美泉宫博物馆，维也纳

图 24
生活即抗争

1903 年；布上油彩；
100cm×100cm；
私人收藏

第十四届分离派展览于 1902 年举办，展览围绕着马克斯·克林格尔耗时十七年的贝多芬雕塑展开。其时恰逢雅典卫城出土了彩色古代石雕，这则新闻引发了克林格尔的兴趣。他受到了新考古发现的启发，于是运用了多种材料去制作雕塑，如大理石、象牙、缟玛瑙、石膏和青铜。所有参展的艺术家都以贝多芬为题进行创作，目的在于纪念贝多芬，同时也为克林格尔的雕塑提供一个框架。在弗朗茨·李斯特（Franz Liszt）和理查德·瓦格纳（Richard Wagner）的推崇下，贝多芬被视作史上最伟大的作曲家之一。古斯塔夫·马勒作为分离派某位成员的继女婿，应允为展览开幕式策划一场以贝多芬《第九交响曲》为主题的音乐会。

克里姆特负责为展厅制造环绕三面墙的雕带装饰（见图 25）。如预期一样，媒体对该作的反响大体是负面的，批评者认为作品中的人物“猥琐”“丑陋”。媒体同样搞不清作品与贝多芬之间的联系，展览的图录或多或少阐释了这一点：“对幸福的渴求。人性弱点带来的苦难。恳求身披盔甲之人为他们的幸福抗争。”对于画中的骑士形象，克里姆特参照了维也纳历史博物馆馆藏的一套仪式中穿戴的盔甲，骑士或被视作马勒（他是贝多芬音乐的拥趸）的画像，或是克里姆特本人，抑或是一种对创造性艺术家对抗敌对观点的寓意性表现。作品《生活即抗争》（*Life is a Struggle*，图 24），也被称作“黄金骑士”（The Golden Knight），与本作品有着异曲同工之处，它被认为是克里姆特反抗权威的表现，从而增加了上述最后一个阐述的可信度。

20

邪恶的力量（《贝多芬长卷》局部）

The Forces of Evil

1902 年; 石膏上酪酸涂料; 高 2.2m ; 奥地利美泉宫博物馆, 维也纳

图录中，该作的条目上写道：“邪恶的力量。巨人堤福俄斯对抗着连神都无力战胜的事物；他的女儿们，也就是戈尔贡三姐妹。疾病、疯狂和死亡。声色犬马、挥霍无度、喋喋不休。人类的渴求和欲望在上空盘桓。”在画有骑士的墙面的对面，绘有“诗歌”，也就是骑士意图实现的救赎所在。但在骑士能够到达救赎之地之前，他还需穿越邪恶的力量。巨人堤福俄斯是用一只扮鬼脸的猿猴来表现的，而其余的人性弱点则是用性感尤物来表现的（未在右侧的壁画局部中）。挥霍无度的形象则源于奥伯利 · 比亚兹莱在 1897 年为《阿里巴巴与四十大盗》（*Ali Baba and the Forty Thieves*）封面创作的图画。

下图的照片展示了克里姆特的《贝多芬长卷》所在的房间布局。左手边的是《渴求幸福》（彩色图版 19 ；由于角度过大，在这里看不太清楚）；中间，在约瑟夫 · 霍夫曼特别设计的装饰性浮雕的上方，是《邪恶的力量》；最后，在右手边的墙面上是《诗歌》（彩色图版 21）和《天使唱诗班》（彩色图版 22）。透过墙上的缺口看到的则是克林格尔的贝多芬雕塑。

图 25

第十四届分离派展览的展厅，也就是克里姆特的《贝多芬长卷》展出的地方

1902 年；照片；
阿尔贝蒂娜博物馆，维也纳

21

诗歌（《贝多芬长卷》局部）

Poetry

1902 年；石膏上酪酸涂料；高 2.2m；奥地利美泉宫博物馆，维也纳

对于右侧墙壁上的画，图录中是这样描述的：“诗歌能实现对幸福的渴求。艺术引导我们进入一个能够自得其乐、寻得纯真幸福和爱情的理想境地。天使唱诗班。‘欢愉，是天堂降临的火焰。是世界的一个吻。’”最后一句引自席勒为贝多芬的《第九交响曲》创作的文本，这也是画作与展览主题之间唯一的一个直接联系。

右侧墙壁的第一部分包含了诗歌的形象。很显然，这个弯腰弹拨七弦琴的形象借鉴了克里姆特早期作品《音乐一号》（彩色图版 5）。七弦琴常象征诗歌，也指向女神埃拉托——掌管抒情诗和爱情诗的女神。

女神所在墙面的另一侧被留白了，这一做法是有意而为之的，因为克里姆特和展陈设计者都不愿意削弱克林格尔杰作的重要性，展览的核心陈列——也就是贝多芬雕塑——能够透过该墙上的空洞被看见。诗歌的形象与其余壁画并未完全分隔开，在壁画的上方是“人类的渴求和欲望在上空盘桓”。这些拉长了的人物形象与《水蛇一号》（彩色图版 26）中的十分相近，它们被用金粉勾勒出来，与壁画中余下的元素连为一体。

22

天使唱诗班（《贝多芬长卷》局部）

The Choir of the Angels of Paradise

1902 年；石膏上酪酸涂料；高 2.2m；奥地利美泉宫博物馆，维也纳

《天使唱诗班》主要受到了瑞士艺术家费迪南德·霍德勒一幅画作的启发。1900 年，霍德勒被选入了分离派，并在次年的分离派展览上送展了他的两幅作品，其中一幅名叫《上帝选民》（*The Chosen One*，藏于伯尔尼艺术博物馆），画中画了一个男孩，跪在半圈漂浮在空中的天使中间。克里姆特的这排天使比霍德勒的更加紧凑，但天使们漂浮在半空的脚以及它们的姿态显然源于霍德勒的作品。不过，霍德勒并不介意这种借鉴，他还非常亲切地提及克里姆特并与他通信，甚至还购买了《朱迪斯一号》（彩色图版 15）。

在壁画的最右端有一对热吻着的情侣，他们在艺术的指引下，已经战胜了敌人并找到了纯真的爱情。在克里姆特之后的两幅作品中，这对情侣的形象再度出现了，一幅是《满足》（彩色图版 31），也就是斯托克雷特宫壁画的一部分，另一幅是《吻》（彩色图版 36）。

工业家、收藏家卡尔·莱茵豪斯（Carl Reininghaus）购买了《上帝选民》的一幅副本，同样也收购了《贝多芬长卷》。这个长卷最初只是一个临时的作品，本来要在展览结束后拆除的，但莱茵豪斯决定要购买这件作品，为后代保留了该作。1917 年，在埃贡·席勒的协商下，该作出售给了莱德勒家族，后者又在 1973 年把该作出售给了奥地利政府。在经过数年的修复后，《贝多芬长卷》又重新在分离派展厅的地下室中展出了，展厅原封不动地复制了当初壁画所在的房间。

23

艾蜜丽・芙洛格像

Portrait of Emilie Flöge

1902 年; 布上油彩; 181cm×84cm ; 维亚纳历史博物馆, 维也纳

图 26
迪奥拉・本达夫人摄
艾蜜丽・芙洛格

1909 年; 照片;
奥地利美泉宫博物馆,
维也纳

这幅《艾蜜丽・芙洛格像》在1908年出售给了维也纳历史博物馆。画中的裙子与艾蜜丽设计缝制的裙子很不一样,艾蜜丽母亲对这条过分新式的裙子颇为不满,艾蜜丽和她的妈妈都不喜欢这幅肖像,克里姆特承诺重新为艾蜜丽画一幅,但从未实现。克里姆特不太可能从未给艾蜜丽画过素描,奇怪的是,没有关于艾蜜丽的手稿存世。我们只有艾蜜丽的几张照片,照片中的艾蜜丽魅力十足,身穿维也纳工坊的裙子(图 26),她有时是在萨尔茨卡默古特,有克里姆特陪伴身旁,有时是在她的沙龙中。

画面右下角有两个小方块,上面的方块里是克里姆特的签名和日期,日期的数字相隔很远,分踞方块的两个角落。这一做法同样见于克里姆特的《阿德勒・布洛赫 – 鲍尔像一号》(彩色图版 34)。第二个方块框住了克里姆特的名字缩写。1902 年的第十四届分离派展览的图录的一个跨页包含了所有参展艺术家的名单,每个人的名字缩写都被设计在一个方框内。从存世的其他的涂鸦中可以看到克里姆特对其姓名缩写的"G"和"K"所进行过各种组合实验。

这两个小方块,特别是金色的那块,像极了拧在画布上的名牌。但克里姆特还是尽可能地用相近的颜色弱化了高度艺术化的艾蜜丽肖像和人造的"标签"之间的差异。艾蜜丽的裙子上装饰着几何图案 —— 方形、圆形、椭圆形和螺旋形 —— 许多都是用金色勾勒出来的。同样的,姓名的缩写以及下面方块的颜色与艾蜜丽裙子和头后的雨伞(或帽子状东西)上的颜色遥相呼应。

GVSTAV
KLIMT
19 02

24

希望一号

Hope I

1903 年；布上油彩；189cm×67cm；加拿大国家美术馆，渥太华

图 27

希望二号

1907—1908 年；布上油彩；
110cm×100cm；
现代艺术博物馆，纽约

赫尔玛（Herma）是克里姆特的模特之一，据克里姆特说，她有着一个比其他的模特的脸还要漂亮的臀部。传说中有一次赫尔玛未能如约出现，克里姆特颇感沮丧，于是派人去寻找赫尔玛，但来人带来了赫尔玛怀孕不能再当模特的消息。克里姆特还是坚持用赫尔玛，赫尔玛犹豫再三并最终同意，于是就有了这幅《希望一号》。

《希望一号》的买主是弗里茨·威尔多菲（他是维也纳工坊的金主，不幸于 1914 年破产）。作品被藏于科罗曼·莫塞尔设计的一个特殊柜体里，只为部分亲友展示。当作品被提议在 1901 年的分离派展览上展出时，它被以"淫秽"为由拒之门外。令威尔多菲十分自豪的是：他曾资助查尔斯·雷尼·麦金托什及其妻子玛格丽特·麦克唐纳（Margaret Macdonald，1865—1933 年）设计音乐室，得到了克里姆特和其他分离派成员的认可，他们都对音乐室中浑然一体的绘画和装潢印象深刻。不幸的是，玛格丽特·麦克唐纳的手稿仅存世一张。1914 年，威尔多菲在其家庭成员的盛怒之下被迫移居美国，房屋也被出售，音乐厅的装潢也逐渐被侵蚀得破败不堪了。

《希望二号》（*Hope II*，图 27）与《希望一号》主题相同，画中人物穿着衣服，因而也更容易被接受。它与《吻》创作于同一时期，二者无论是构图还是用色都如出一辙。

25

赫米内·加里亚像

Portrait of Hermine Gallia

1903—1904 年; 布上油彩; 170cm×96cm ; 国家美术馆，伦敦

这幅肖像作品早在 1903 年的分离派展览上就公开展出，但直到次年才彻底完成。与克里姆特的其他女性肖像一样［见《赛琳娜·莱德勒像》(彩色图版 12）和《玛格丽特·斯通博罗·维特根斯坦像》(彩色图版 28)］，作为卡尔·维特根斯坦（Karl Wittgenstein）的女儿之一的赫米内身着白色连衣裙。此画与为艾蜜丽·芙洛格画的那些肖像类似。克里姆特第一次在一幅肖像画的裙子和背景中运用了抽象几何图案，由六角形和三角形组成的菱形拼凑成了地砖，赫米内裙子的拖尾上也呈现了一种棋盘格似的效果，而在上一年完成的《艾蜜丽·芙洛格像》(彩色图版 23）中也包含了类似的装饰图案，但后者是一幅私人作品。

赫米内·加里亚的形体与克里姆特的其他女性模特都不一样，她面带冷漠，有些遗世独立地站着，她的身体微微向前倾，交叉着的双手和轻微向上转动的头像是正在发问。或许只是克里姆特对她的了解要多于他人。赫米内当然也记录下了围绕维特根斯坦家族给予克里姆特的资助的种种事迹，这些内容被收录于赫米内的回忆录——《家族回忆》(*Family Reminiscences*)。

GUSTAV
KLIMT
19 04

26

水蛇一号

Water Snakes I

1904—1907 年; 羊皮纸上水粉、金粉; 50cm×20cm ; 奥地利美泉宫博物馆, 维也纳

在早期作品《流水》(彩色图版 9)、《人鱼》(彩色图版 10)和《金鱼》(彩色图版 16)中，克里姆特均使用了“水中美人”这一题材，在《水蛇一号》和《水蛇二号》中，画家再现了这个主题。与众不同的是,《水蛇一号》并非一幅油画，也许是画作材质的原因，它不同寻常的用色看起来格外苍白。除了多出的金粉和那些缠绕着女人身体的金色、绿色的藤蔓外，成作与用作参考的素描相差不大。

或许是考虑到画中搂抱着女模特的这个鲜明的女同性恋的形象会令人不安，画中人物以垂直的方向被呈现出来。无论如何，克里姆特给画作改名换姓，于是就使它变成了一个寓言式的题材，此外还在女人身体后加上了一条鱼一样的巨蟒，并把每一处空间都画上装饰图案，这样一来，画作就能够通过审查并在维也纳公众面前展出了。这之后的一幅名为《女性朋友》(*Women Friends*)的作品，大约创作于 1916 年至 1917 年(毁于 1945 年)，其中对女同性恋的描绘更加直截了当，画中赤裸着的少女朱唇半启，枕在她的爱人的肩上，她的爱人则拿着一张布，半遮半掩地铺在她们的裸体之上。

1909 年之前，克里姆特未曾与埃贡·席勒谋面，但席勒也画了同样的题材，其作品《水妖一号》(*Water Sprites I*，图 28)与克里姆特的这两幅作品如出一辙，且都创作于 1904 年至 1907 年期间。克里姆特的《贝多芬长卷》中的“人类的渴求和欲望”[见《邪恶的力量》(彩色图版 20)]与席勒稍晚期的作品风格十分相近。尽管《贝多芬长卷》展出时，席勒才刚刚十二岁，但他一定能够接触到该作的复制品。

图 28

埃贡·席勒绘
水妖一号

1907 年; 纸上水粉、彩色蜡笔、金粉、银粉; 24cm×48cm ; 私人收藏

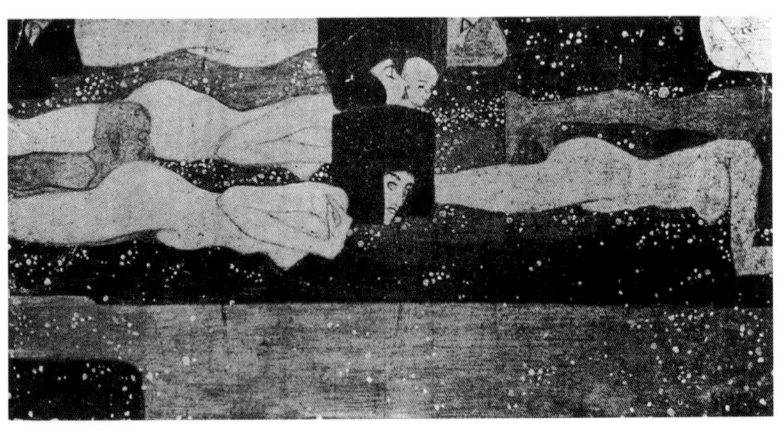

27

女人的三个阶段

The Three Ages of Woman

1905 年；布上油彩；178cm×198cm；国家现代艺术美术馆，罗马

同“学院组画”一样，此幅作品也是克里姆特的象征性和寓言式作品的代表。克里姆特终其一生，直到 1918 年去世之前都在创作这一类型的图像［见《新娘》（彩色图版 48）］。画面中的小女孩依偎在年轻女人呵护的怀抱中，在她们旁边站着一个佝偻着的老妪，这个干瘪的老太婆象征着时间的流逝，这点同《希望二号》中的骷髅头一样。

老妪的形象源于奥古斯特·罗丹（Auguste Rodin，1840—1917 年）的一座的雕塑，雕塑名叫《老娼妇》（*The Old Courtesan*，藏于法国巴黎的罗丹美术馆），也以“头盔匠人曾经的漂亮妻子”之名而著称，它曾在 1901 年的第九届分离派展览上展出。那次展览主要围绕着罗丹、画家乔凡尼·塞甘蒂尼（Giovanni Segantini，1858—1899 年）和克林格尔的作品展开，对克里姆特的影响颇为深远，次年，罗丹造访维也纳，克里姆特因罗丹的到来而欢欣鼓舞。罗丹也观看并称赞了克里姆特的《贝多芬长卷》（彩色图版 19—22），二人惺惺相惜。

在这一阶段中的作品中，黑色的背景可以说是不寻常。另一幅《死亡和生命》（*Death and Life*，私人收藏）是在该画之后的第三年，也就是 1908 年开始创作的，一开始克里姆特画了一个金色的背景，但他并不满意，于是在 1911 年，克里姆特用蓝黑色的背景替代了原有的。大多数克里姆特的后期象征性作品都有着深色的底色，与人物一贯的明亮色彩形成鲜明对比。

1912 年，《女人的三个阶段》被罗马的国家现代美术馆收购，在这之前一年，它还荣获了罗马举办的国际大展（International Exhibition）的金奖。

28

玛格丽特·斯通博罗·维特根斯坦像

Portrait of Margaret Stonborough-Wittgenstein

1905 年；布上油彩；180cm×90cm；新绘画陈列馆，慕尼黑

图 29
詹姆斯·迪索绘
人像（洛伊德小姐）

1876 年；布上油彩；
91.4cm×50.8cm；
泰特美术馆，伦敦

玛格丽特·斯通博罗·维特根斯坦是冶铁和矿业巨头卡尔·维特根斯坦的女儿。卡尔本人是克里姆特的金主之一，他购买了《生活即抗争》（图 24），随后又将《水蛇一号》（彩色图版 26）、《向日葵》（图 30）和其他一些作品收入囊中。卡尔·维特根斯坦的家族成员来往甚密，还带有些许传奇色彩：他的三个最年长的孩子相继自杀，但余下的孩子个个声名远播。其中路德维希·维特根斯坦（Ludwig Wittgenstein）就成为了著名哲学家，他为玛格丽特建造了一栋房子；另一个孩子保罗·维特根斯坦（Paul Wittgenstein）则成为了钢琴家，却不幸在第一次世界大战中丢掉了右臂，不过这启发了莫里斯·拉威尔（Maurice Ravel）和约翰·斯特劳斯（Johann Strauss），他们为其谱写了左手曲目；玛格丽特则是一位社交名媛，与詹姆斯·迪索（James Tissot，1836—1902 年）画过的洛伊德小姐（图 29）的身份有些类似，玛格丽特在艺术圈举足轻重，在 20 世纪 30 年代中，她是维也纳艺术与工艺美术团体的主席。

这幅肖像是卡尔为了纪念其女儿结婚委托克里姆特所作，玛格丽特端正的姿态与背景中的建筑元素——受约瑟夫·霍夫曼启发——遥相呼应。同《赛琳娜·莱德勒像》（彩色图版 12）和《赫米内·加里亚像》（彩色图版 25）一样，玛格丽特身着白色衣裙。克里姆特喜欢在白色上叠加白色，用最简单直接的方式来强调裙子上的图案和钩花。

约在膝部高度的深色横线与画面上方的几何图案是后来返工所作的，因为克里姆特对于最初的构图不是很满意。然而，尽管做了这些改动，玛格丽特还是不喜欢这幅肖像，将它束之高阁。

29

葵花园

Farm Garden with Sunflowers

1905—1906 年; 布上油彩; 110cm×110cm ; 奥地利美泉宫博物馆, 维也纳

图 30
向日葵

1906—1907 年; 布上油彩;
110cm×110cm ;
私人收藏

《葵花园》是克里姆特在造访阿特尔湖畔的利茨尔贝格时，在客栈的花园中绘制的。在大量娇艳欲滴的花朵和灌木丛中，我们还是能够找出那几朵与众不同的花，例如画面右下角的粉色花朵，它们点缀着画面，无声地构成了画面中的一部分。

在画花花草草的作品中，《向日葵》（图 30）别具一格，它似乎带有一丝拟人的气息。人们即刻联想到凡 · 高的向日葵，后者的向日葵几乎就是画家的自画像。克里姆特的向日葵还生长在花园中，而凡 · 高的向日葵被摘了下来并插在了花瓶中。因此，凡 · 高的向日葵主题画作可被视作静物画，而克里姆特的则归为风光画的局部特写。《向日葵》中花花草草的形状像极了《吻》里面那对情侣的轮廓形状。二者都于 1908 年在维也纳艺术展上首次展出。

与克里姆特在 1898 年至 1902 年期间创作的风光画不同，这两幅向日葵不再充斥着情绪，而是以一个更加客观的方式去呈现它们，克里姆特用这样的方式来描摹那些不受人类干扰的、简单存在着的生命机体，并对这种手法情有独钟。画家的几何构图不只是为了装饰效果，也是为了强调其沉溺于大自然之时对景色超然物外的冷静观察。

30

期望（斯托克雷特宫壁画局部样稿）

Expectation

1905—1909 年；纸上蛋彩、水彩、金粉、银和青铜合金、粉笔、铅笔、白漆；193cm×115cm；奥地利实用艺术博物馆，维也纳

布鲁塞尔的斯托克雷特宫是约瑟夫 · 霍夫曼在 1905 年至 1911 年间修建的，是银行家阿道夫 · 斯托克雷特的宅邸，银行家与他的爱人在维也纳工作、生活期间，结识了霍夫曼。斯托克雷特宫无疑是维也纳工坊理想设计中的一个成功典型。这栋建筑的外部、内部、家具和装潢浑然一体，这正是其他建筑难以企及的。霍夫曼用“总体艺术”（Gesamtkunstwerk）一词——也就是“艺术的总和”或是“艺术的综合体”——来形容他的目标，克里姆特为餐厅所作的壁画恰如其分地彰显了这个目标。

克里姆特先在一张和与成作大小相同的描图纸上画素描，再把图案覆盖在大理石板上，这样一来，就把铅笔素描拓在了大理石上。由好几个工匠——镀金工人、大理石制造工人和搪瓷工人——合作进行这项工程，他们在克里姆关于用色和材料的详尽指示下，在利奥波德 · 福斯特纳（Leopold Forstner）的马赛克工坊里进行组装。和《贝多芬长卷》（见图 25）一样，斯托克雷特宫的壁画（见图 11）覆盖了三面墙。一棵生命之树以及它极具装饰性的旋涡式树枝覆盖了相对的两面墙，这两面墙上的花纹一模一样，除了每一面上的人物：其一叫作《期望》，原名为“舞者”（The Dancer），另一面上的叫作《满足》（彩色图版 31），原名为“拥抱”（Embrace）。第三面墙上有一面马赛克拼板，风格抽象，最近才被认定为是一个骑士。这里的骑士比《贝多芬长卷》里的要来得更自由、更富于想象［见《渴求幸福》（彩色图版 19）］，但二者都带有相似的象征性内涵。《期望》中的人物形象很显然受到了埃及艺术的启发，不仅仅是女人的侧面形象，还有她的手臂和双手的姿态。这个人物形象或多或少也受到了当时流行的一位舞者形象的影响。

31

满足（斯托克雷特宫壁画局部样稿）

Fulfilment

1905—1909 年；纸上蛋彩、水彩、金粉、银和青铜合金、粉笔、铅笔、白漆；194cm×121cm；奥地利实用艺术博物馆，维也纳

《满足》再现了《贝多芬长卷》的最后一部分——《天使唱诗班》（彩色图版 22）的主题，并预告了《吻》（彩色图版 36）的问世。这三组情侣十分相似，都以男方后背面对观众，他们将爱人揽在怀中，男人的头部都俯在爱人的肩头——这样二人就能在同一高度了，只露出在肩头上的爱人们意乱情迷的脸庞。在《吻》中，画家描绘了一个跪着的女人，而其余两幅作品中，克里姆特很直接地让男人长高些，从而实现了这一目的。三幅作品都将情侣置于宽广的金色背景之前，无论背景是单色、条纹，或是点状的，都为画面中的爱情增添了一丝超凡脱俗的韵味。

在《满足》这幅画作中，男人的长袍上装饰着一个正方形图案，正方形中嵌着更多的正方形——尽管其中的一部分有些变形，这些小正方形有些是黑色的、有些是白色的，还有不同深浅的灰色以及金色。克里姆特常运用正方形（或长方形）与圆形（或螺旋形）之间的对比来彰显男性气质与女性气质之间的差异。重叠的图案似乎暗示着爱侣之间肉体兼精神上的契合，这点同样见于《吻》。

科罗曼·莫塞尔和约瑟夫·霍夫曼在斯托克雷特宫中的家具上使用了大量的正方形，如餐厅的棋盘格地板、餐椅背上成排的黑白方块。在 1905 年绘制的《玛格丽特·斯通博罗·维特根斯坦像》（彩色图版 28）中，克里姆特也使用了相同的图案。

32

生命之树（斯托克雷特宫壁画局部样稿）

Tree of Life

1905—1909 年；纸上蛋彩、水彩、金粉、银和青铜合金、粉笔、铅笔、白漆；194cm×118cm；奥地利实用艺术博物馆，维也纳

灌木图案分列餐厅的两面墙上，分别位于《期望》和《满足》的两端——这是《生命之树》的一部分。在《生命之树》这幅画里的树叶与《水蛇一号》（彩色图版 26）中的不尽相同，金色线条的走向与《吻》（彩色图版 36）底端的线条有些相似。艺术评论家路德维希·希维西是这样评价这幅作品的：

> 对于克里姆特而言，装饰是事物本身的隐喻，这些隐喻不断地变换着形态，不停地演化着、旋转着、起伏着、扭动着，像一阵猛烈的飓风变换成为各种形状：或是曲折的闪电，或是毒蛇的快速的、忽隐忽现的舌头，或是缠结着的藤蔓、联结着的铁链、漂浮的面纱或脆弱的细线。

在《生命之树》卷曲的树枝之间，有很写实的蝴蝶和小鸟穿梭其中。而画中的树成了克里姆特唯一存世的、用金色勾勒的风景画。绘制于 1903 年的《金苹果树》（*The Golden Apple Tree*）是另一例运用金色的风景画，但它不幸与众多名画一起，毁于 1945 年的伊门多夫宫博物馆的大火。

33

弗里茨·李德勒像

Portrait of Fritza Riedler

1906 年；布上油彩；153cm×133cm；奥地利美泉宫博物馆，维也纳

图 31
梅里莫斯坐像

约公元前 1380 年；
花岗闪长岩；高 69cm；
艺术史博物馆，
维也纳

这幅作品与《玛格丽特·斯通博罗·维特根斯坦像》（彩色图版 28）有着异曲同工之处：女人的白色裙子和背景中的几何色块都很相近。但弗里茨·李德勒在画中是坐着的，在这幅作品中，克里姆特任由他的想象驰骋。在画作的原稿中，李德勒坐着的扶手椅本是完全写实的，但在油画中却消失得无影无踪，椅子的轮廓变为了一个二维的形状，里面填充着金银的眼状图案，这些图案与散落在背景墙上的小方块遥相呼应。

同《玛格丽特·斯通博罗·维特根斯坦像》一样，克里姆特在弗里茨的头后绘制了一个近似半圆的形状，这样就能将观者的注意力引到弗里茨的面部了，这个方法同样还见于迪索的洛伊德小姐画像（图 29），后者用门廊框住人物，从而吸引注意力。但这幅画中马赛克一样的半圆形装饰要比早期的画作更加复杂，它看似有两个出处：一是委拉斯凯兹，二是埃及艺术。在维也纳艺术史博物馆中，藏有一幅从前被认定为是迭戈·委拉斯凯兹（Diego Velázquez，1599—1660 年）的作品——《奥地利的王后玛丽安娜像》（*Portrait of Queen Mariana of Austria*），画中王后的头发装饰着珠串，巧妙地编盘成形，像极了右图中弗里茨的发型。克里姆特还有可能是受到了维也纳博物馆中收藏的埃及艺术的启发。大多数法老的发型都是以垂直的平行线条来呈现的，但 1851 年被维也纳博物馆纳入馆藏的一尊法老像的头发或发饰则呈现出了马赛克似的图案，它与克里姆特把形状割裂细分为更小的方形、圆形、三角形和菱形的做法十分相似。这个半圆形的、马赛克似的图案在画面右上角再次出现，或许是在象征着一扇窗，也或许是在暗示要回溯早期绘画作品和古代艺术。

GVSTAV
KLIMT
19 06

34

阿德勒·布洛赫-鲍尔像一号

Portrait of Adele Bloch-Bauer I

1907年；布上油彩、金箔；138cm×138cm；奥地利美泉宫博物馆，维也纳

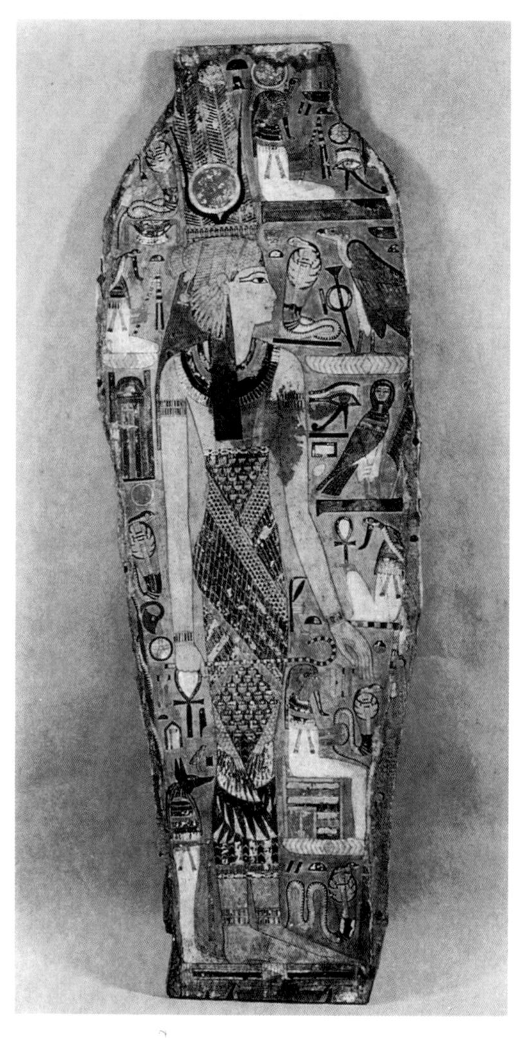

图32

一副埃及棺材的下半部分

约公元前1000年；
木、亚麻、石膏、彩色颜料和清漆；高120cm；
艺术史博物馆，
维也纳

埃及艺术对克里姆特的影响无疑体现在了这幅为工业家费迪南德·布洛赫-鲍尔（Ferdinand Bloch-Bauer）之妻创作的画像上。后者曾两次委托克里姆特为其妻阿德勒画像（彩色图版41）。这幅画像作于克里姆特职业生涯的顶峰，但评论家们却编排出了一句双关语讽刺它“比布洛赫更富有”（Mehr Blech wie Bloch），同时也暗含“比布洛赫脸皮更厚”的意思。

画像混合了自然主义风格的脸部、双手与装饰艺术风格的裙子、椅子和背景，因此闻名于世。和《朱迪斯一号》（彩色图版15）一样，画中的装饰图案横穿过了人物的肩膀和前臂，营造了一种残缺感。由于阿德勒——也就是这两幅画中的主角——是克里姆特的情人之一，于是我们很难不去探索克里姆特将她身首分离的心理因素。

画像从一副埃及棺材上借鉴了大量的纹饰图案。这副棺材于1824年到1840年间被纳入了维也纳艺术史博物馆的馆藏，因此可供克里姆特研究。两件作品中衣袍上的、眼睛一样的三角形和菱形，领口的纹饰和其用色（金色背景上的黑、银或白和红色高亮）都如出一辙。

克里姆特对埃及棺材的研究也启发了他的其他作品，棺材上的鸟类图案或许为斯托克雷特宫的壁画《生命之树》（彩色图版32）中枝桠上的小鸟提供了灵感。而克里姆特为维也纳艺术史博物馆的拱肩所绘的《埃及艺术一号》和《埃及艺术二号》（彩色图版2）更是直接脱胎于他对埃及棺材的研究。

GUSTAV
KLIMT

35

达娜厄

Danaë

1907—1908 年；布上油彩；77cm×83cm；私人收藏

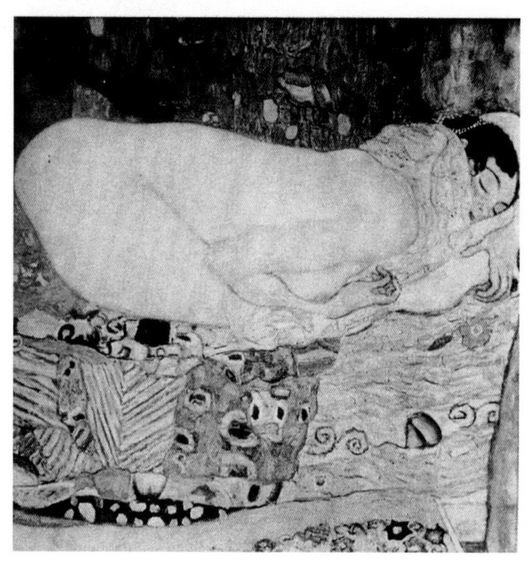

图 33
勒达

1917 年；布上油彩；
99cm×99cm；
毁于 1945 年
伊门多夫宫博物馆的大火

很显然，《达娜厄》和《勒达》（*Leda*，图 33）的图像都是色情的，它们描绘了古典神话中被天神朱庇特引诱的女人，沉睡着的达娜厄蜷曲着身体，与化作金色雨水的朱庇特邂逅。达娜厄微张的双唇、紧闭的双眼、褪至脚踝的丝袜、红色的头发与半透明的紫色面纱都在诉说着她的感官体验。几乎四分之一的画面都被达娜厄的大腿所占据，于是就使得这幅画充斥着色情意味。

《勒达》则比《达娜厄》要晚上约十年，它对色欲的表达则更加肆无忌惮。除了人物紧闭的双眼外，勒达的姿势并不像在睡觉，更像是交媾时的体位。长时间以来，天鹅就含有男性生殖器的象征意义，而画中像蛇头一样的图像至少是富于攻击性的。勒达是斯巴达王廷达瑞俄斯之妻，她一度与化身为天鹅的朱庇特交媾，从而诞下了双胞胎卡斯托尔与波吕克斯以及特洛伊的海伦与克吕泰莫斯克拉。

这些油画的手稿要来得更露骨，克里姆特要求他的模特们摆出这样暴露的姿势，然后用清晰、明快的笔触的勾勒出轮廓。成画中的装饰和浓墨重彩是为了把观者的注意力从暴露的女人体态上稍稍转移开来。

36

吻

The Kiss

1907—1908 年；布上油彩；180cm×180cm；奥地利美泉宫博物馆，维也纳

在画作《满足》（彩色图版 31）中，克里姆特曾尝试用装饰图案来表现性欲，这一手法在画作《吻》中的应用才可谓是炉火纯青。男人的轮廓中满是竖直的正方形和长方形，而他的爱人则被同心圆和螺旋形填充。在如此深情的一吻之后，余下的事情也就不言而喻了。

建筑师阿道夫·卢斯（Adolf Loos）强烈反对运用装饰图案。在 1908 年发表的论文《装饰与犯罪》（*Ornament and Crime*）中，他吹毛求疵地写道：

> 所有的艺术都是色情的。从第一个艺术作品以及第一个画家在岩壁上作画的第一个动作开始，一切都是色情的。一条平行的线代表着躺着的女人，而竖线则是进入她身体的男人……但在当下的人则是受到了某些内在冲动的驱使，他是在墙壁上画满了色情的符号和淫秽的涂鸦的罪犯或流氓……装饰不再是表现人类文明的方式。

《吻》很大程度上受到了克里姆特在拉韦纳的旅途中所见的拜占庭马赛克的影响，无论是用金粉描绘的人物和背景，还是由小块图形共同组成的图案，都带有明显的马赛克技术的痕迹。

GUSTAV
KLIMT

37

阿特尔湖畔的卡默城堡一号

Schloss Kammer at Lake Atter I

约 1908 年；布上油彩；110cm×110cm；国家美术馆，布拉格

1908 年前后，克里姆特似乎开启了一项新任务：将建筑融入风景画之中。在此前的 1898 年和 1901 年，他曾两度进行过这项实验，在这幅画作之后，克里姆特开始频繁地描画建筑物。因此，这幅画极具代表性，它包括了克里姆特风景画中最常见的三个要素：水、植被和建筑。

克里姆特笔下的房屋和村落景致与古埃及艺术以及当时的立体主义概念有着异曲同工之处。古埃及的人体图像是由最典型、最具象征意义的视角下的不同元素组成的，例如，人体头部为正侧面，而眼睛为正面视角（见图 32）。毕加索以相似的方式解构了人脸，克里姆特也以完全一样的方法绘制了建筑物，房屋和两个塔楼全部都是正面视角，但房顶却是非对称的三角形，运用了一点点短缩法或透视法。反复出现的窗户和草木与它们的倒影一起，联结起了画面中的元素。

在这幅风景画中，克里姆特异乎寻常地应用了三种不同的绘画技法，分别对应水、植被和建筑这三个元素。水面是用湿画法绘制的，这样一来，一种颜色就可以渗透进入另一种颜色之中了。草木的画法十分类似于点彩画，用彩色圆点来表现每一片叶子。房子则是用颇为干燥的笔触平涂而成的，以表现房屋的石质的外立面和瓦片。但除了这幅作品外，没有任何一幅风景画是以如此迥异的技法绘制而成的，这或许说明，克里姆特不认为这幅画作是个成功的实验品。

38

朱迪斯二号

Judith II

1909 年；布上油彩；178cm×46cm；现代艺术博物馆，威尼斯

虽然之前的那幅《朱迪斯一号》曾引起众怒，但在八年后，克里姆特还是再度回归了该主题。如同《爱》（彩色图版 3），《朱迪斯二号》画面的两侧也有着宽阔的画框。与《朱迪斯一号》中的画框一样，此画中的画框也是镀金的，但画作本身的背景不再是金色了，取而代之的是一个深沉的、暖色的、橘红色调的背景。在《吻》（彩色图版 36）之后，克里姆特不再用金粉，而是用色彩来装饰画面，这种前后差异在阿德勒·布洛赫－鲍尔的两幅画像（彩色图版 34 和 41）中体现得最为鲜明。

同《朱迪斯一号》相似，克里姆特在此画中用一条精致的、编织的项圈切割了模特的头颅和身体，模特的躯干半裸在外，像是她的裙子从肩膀滑落了一样，其身体也被画框边缘切割。如同第一幅作品，画面中荷罗孚尼的头颅已被十分戏剧化地割下，头颅并不是从脖子上被斩断的，而是从面部。而这次，斩断头颅的不再是画框，而是布料的边缘。在画面中，将撩人的裸体和暴力并置这一做法已然令观者触目惊心了，而充斥着细节的珠宝、头饰和装饰背景更是加强了这种反差，令人更加难以接纳了。

GUSTAV KLIMT

39

戴帽和羽毛围巾的女人

Lady with Hat and Feather Boa

1909 年；布上油彩；69cm×55cm；奥地利美泉宫博物馆，维也纳

图 34

黑色羽毛帽

1910 年；布上油彩；
79cm×63cm；
私人收藏

克里姆特画了一些身份不明的女人像，这些作品并非委托绘制的画像，不然它们就会被命名为“某某某像”，它们的风格也不约而同地单一。画中的美女们常身着锦帽貂裘，包裹在巨大的帽子和羽毛围巾中。这些作品多少为克里姆特提供了一些喘息之机，让他可以远离那些身为上流社会女性的绘画对象，摆脱她们大量的仆从和既定的社会地位，他可以以一种更随意的风格和更草率的笔触作画。在《黑色羽毛帽》（*The Black Feathered Hat*，图 34）中，克里姆特尝试使用了不同色调的黑色——这一色调鲜见于其他作品。

在这两幅作品中，克里姆特都通过轻微强调女人的嘴唇来突显她们的性感。在这幅《戴帽和羽毛围巾的女人》中，围巾的边缘恰巧高至女人的上嘴唇，而《黑色羽毛帽》中的女人则将手指搭在嘴唇上，作沉思状。女人头发和嘴唇的粉红色以及手指和脸颊上更为柔和的颜色在一片黑白的背景中脱颖而出。

艾蜜丽·芙洛格的时装沙龙或许为这些画作提供了服饰，从那时的维也纳女人的照片中，我们发现克里姆特的模特们无疑走在了时尚的尖端。

GUSTAV
KLIMT

40

玛丹 · 普里玛维奇像

Portrait of Mäda Primavesi

1912 年；布上油彩；150cm×110.5cm；大都会艺术博物馆，纽约

玛丹 · 普里玛维奇是奥托 · 普里玛维奇的女儿，后者在 1914 年成为了继弗里茨 · 威尔多斐之后维也纳工坊的金主。普里玛维奇热衷于资助艺术，在第一次世界大战期间，他频繁邀请包括克里姆特在内的艺术家前往他的度假屋一聚。

早至 1912 年，奥托就委托克里姆特为他的小女儿玛丹绘制画像。约在 1913 年到 1914 年间，克里姆特还画过普里玛维奇的妻子尤金妮亚（Eugenia）。这时的克里姆特已然不再热衷于绘制像 1907 年到 1909 年期间的那些金碧辉煌的人像，转向自己收藏的日本版画和画集寻求灵感。克里姆特不再把画面填满图案，而是让背景变得更加疏松，时不时地在各处点缀些图形。玛丹头上的花朵以及地毯上的鸟、鱼和蝴蝶图案大多都源于东方。

另一处值得一提的是，该肖像放弃了不对称的对角线构图［见《索尼娅 · 尼普斯像》（图 12）、《弗里茨 · 李德勒像》（彩色图版 33）和《阿德勒 · 布洛赫 – 鲍尔像一号》（彩色图版 34）］。克里姆特已然回归了早期作品的垂直和对称构图，例如《赛琳娜 · 莱德勒像》（彩色图版 12）和《艾蜜丽 · 芙洛格像》（彩色图版 23）。

41

阿德勒 · 布洛赫 – 鲍尔像二号

Portrait of Adele Bloch-Bauer II

1912 年; 布上油彩; 190cm×120cm ; 奥地利美泉宫博物馆, 维也纳

玛丹 · 普里玛维奇的画像（彩色图版 40）空前成功，以至于阿德勒 · 布洛赫 – 鲍尔又一次委托了克里姆特为她画一幅新风格的肖像，和五年前的第一幅肖像（彩色图版 34）比起来，二者有着天壤之别。这一幅的背景由五个色块填充：红、绿、蓝和两种粉色。除了粉色的部分以外，其余的色块都装饰着小花和东方人物图案以及一些骑着马的人物图案。

与所有的这些鲜艳繁杂形成对比的是阿德勒素色的罩裙和帽子，一条蓝紫色的缎带横贯其中。她的表情看似有些冷漠，与周围的五颜六色格格不入。宽檐的深色帽子是为了突出阿德勒的面部，我们在克里姆特的许多作品中，例如《玛格丽特 · 斯通博罗 · 维特根斯坦像》（彩色图版 28）和《弗里茨 · 李德勒像》（彩色图版 33）已经见过了相同的手法 —— 画家用光晕或是画框框住模特的面部。或许，在如此繁复的图案和装饰之中，画家这种做法是必要的，这样才能满足资助人的要求。

42

苹果树二号

Apple Tree II

约 1916 年；布上油彩；80cm×80cm；奥地利美泉宫博物馆，维也纳

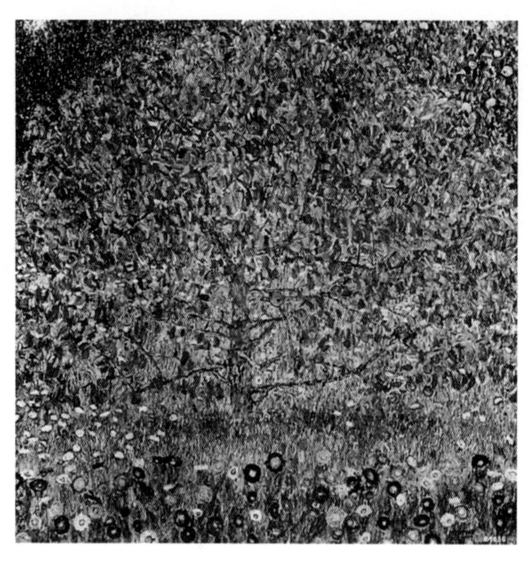

图 35
苹果树一号

约 1912 年；布上油彩；110cm×110cm；奥地利美泉宫博物馆，维也纳

众所周知，克里姆特画了三幅苹果树，1903 年绘制的《金苹果树》（毁于 1942 年的火灾），《苹果树一号》（*Apple Tree I*, 图 35）和《苹果树二号》。我们尚不清楚苹果树对于克里姆特来说是否是一个有着特殊含义的个人意象，但或许克里姆特将苹果树与某种特质联系到了一起，所以才反复绘制了该主题。在基督教艺术中，从智慧树上摘下的苹果无疑象征着堕落。在希腊神话中，苹果代表着帕里斯王子在选美大赛中赐给阿芙洛狄忒的金苹果，这只金苹果成了万恶之源，最终引发了特洛伊战争。克里姆特或许联想到了金苹果园中的苹果，联想到了希腊神话中的大力神赫拉克勒斯；画家还可能是受到了北欧神话中美与爱之女神芙蕾雅和她的花园的启发，后两则神话中的苹果都与永生的含义息息相关。但这三幅画的绘制时间相隔甚远，分别在 1903 年、1912 年前后和 1916 年前后，因此，苹果树很可能并不指向某个单一含义。最后一幅是在第一次世界大战的背景下画的，也因此很有可能指向动荡和对死亡的恐惧，但早先的那两幅则是在和平年代绘制的。

《苹果树一号》和《苹果树二号》的风格大相径庭。前者与《葵花园》这样的早期作品很像，画面被色彩丰富的图案所覆盖，天空的缺失使得画面缺少纵深感，背景中的树叶与前景中的花有着一致的色彩密度和线条清晰度。但《苹果树二号》的布局则疏松得多，每一笔笔触都看得清清楚楚，画中唯一一个明显有意为之的图案是用粗线勾勒出来的、非写实的苹果轮廓，以及轮廓中的彩色圆点。

43

阿特尔湖畔的利茨尔贝格酒庄

Litzlbergkeller on Lake Atter

1915—1916 年；布上油彩；110cm×110cm；私人收藏

同印象派画家克劳德·莫奈（Claude Monet，1840—1926 年）一样，克里姆特也是在一条小船上绘制了这幅画，然后再返回到工作室进行收尾的。画作的视角以及画面前景中的倒影向我们透露了这一点。阿特尔湖给予了克里姆特安宁和平和，是画家绝大多数风景画的绘制地点。克里姆特是阿特尔湖上第一艘摩托艇的主人，他还曾担任赛船会的裁判。

在这幅画中，克里姆特反复使用了几种颜色，于是，我们在房子的窗棂中发现了草坪的黄色、绿色和浅蓝紫色，在湖畔的花朵上发现房屋墙壁的白色。这种颜色之间的呼应弱化了自然丛林与人造建筑之间的差异，以同样的手法处理过的倒影更是将画面中不同的元素联结为一体。这种做法与《阿特尔湖畔的卡默城堡一号》（彩色图版 37）恰恰相反，后者用不同的技法去描画了湖面、植被和建筑。

GVSTAV
KLIMT

44

阿特尔湖畔乌特阿赫教堂

Church at Unterach on Lake Atter

1916 年; 布上油彩; 110cm×110cm ; 私人收藏

乌特阿赫镇同样坐落于阿特尔湖畔，这里是艾蜜丽 · 芙洛格其他一些亲属的居住地，也是克里姆特和艾蜜丽曾落脚的地方。与卡默城堡塔尖的处理方式很像，克里姆特着重绘制了乌特阿赫镇教堂的塔尖，其呈洋葱形状，十分醒目。与画家所画的其他湖畔村庄一样，简单的图形反复出现在画面之中 —— 船屋上方的树冠轮廓复制了船屋拱门的形状，又被教堂的拱形窗户所复制。教堂塔尖的红顶与画面中的红色窗户和屋顶相呼应，为观者提供了多个视觉焦点，使得他们的视线可以游走在画面之中。克里姆特需要加入这些吸引观者的红色亮点，通常而言，透视线会将观者的视线引领到画面水平线中某处的消失点，但这幅画中恰恰没有透视线，也没有那种曲曲折折的透视线，就像风景画大师克劳德 · 洛兰（Claude Lorrain，1600—1682 年）画中的那样 —— 一条蜿蜒的道路将视线引领穿越风景，最终到达一片发光的天空下。画家以颇为戏剧化的正面视角来绘制建筑，这样就形成了一条条的屏障，从而阻挡了视线向远方跳跃，引导观者在建筑和树丛的周围寻找道路。望远镜一样的效果类似于电影中拥挤的交通场景 —— 建筑和汽车都不可思议地挤在了一起。

45

弗雷德里克–玛利亚·贝尔像

Portrait of Friederike-Maria Beer

1916 年 ；布上油彩; 168cm×130cm ; 大都会艺术博物馆，纽约

早在 1914 年，席勒就已经画过弗雷德里克–玛利亚·贝尔（Friederike-Maria Beer）了，画家十分欣赏贝尔的婀娜多姿。在席勒的画中，贝尔身着一件之字形条纹的裙子站立着，且身体弯成了一个之字形，显得十分焦虑。

费雷德里克–玛利亚建议克里姆特在画中让她身着维也纳工坊的裙子，因为她只穿维也纳工坊的衣服。贝尔十分珍爱她的一件皮草，特别是在第一次世界大战的艰难时期中，于是克里姆特决意让贝尔穿着这件皮草，并将皮草里子翻到外面来穿，这样维也纳工坊设计的装饰里衬就一目了然了。

克里姆特决定用一个想象的东方屏风来充当模特的背景，以映衬她有些无动于衷的、不对称的面孔。屏风上的图案取材于克里姆特收藏的一个朝鲜花瓶，很显然，它们影射了第一次世界大战。这些虚构人物之间的龙争虎斗与模特的一脸温顺形成了鲜明对比。

FRIEDERICKE
MARIA BEER
GVSTAV
KLIMT
1916

46

仰躺的裸女

Lying Nude

约 1914—1916 年；纸上蓝铅笔；36.9cm×56cm；维也纳历史博物馆，维也纳

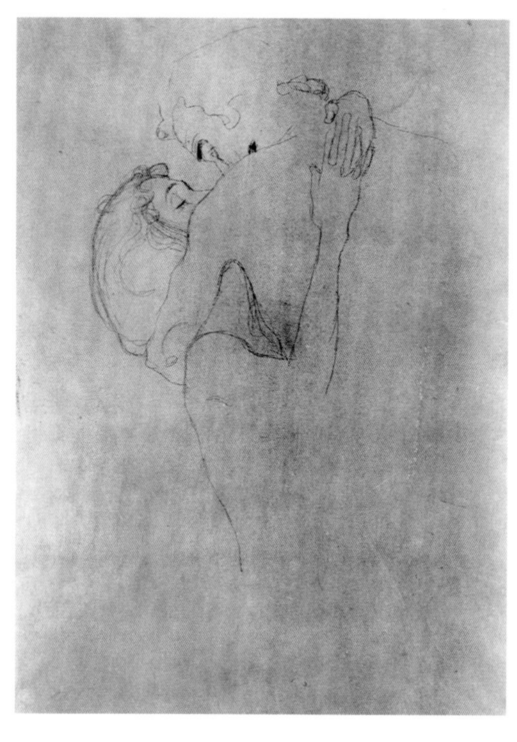

图 36

拥抱

1908 年；纸上铅笔；55cm×35cm；维也纳历史博物馆，维也纳

与《水蛇一号》这样的公众作品不一样，那些用于自娱自乐的素描不再受制于繁文缛节。在这些素描中，克里姆特的模特不是裸着身体，就是在自慰或是做爱，他们总是一脸沉醉地呈现在观众眼前。克里姆特的许多素描都是为了成作而画，他最色情的油画，譬如《金鱼》（彩色图版 16）、《达娜厄》（彩色图版 35）和《勒达》（图 33）都有大量的底稿存世。

《仰躺的裸女》并不是为了展出而作的，更不是一幅成作。传说中，当时有成堆的、潦草的底稿堆在克里姆特工作室的地板上，很可能这幅就是其中的一张。更有传闻说，因为克里姆特养的猫在素描上肆意便溺，有一位画商曾急匆匆地搬走了成百上千的素描。

在进入了新世纪之后，克里姆特的作品很少再出现像《亚当和夏娃》（图 15）和《新娘》（彩色图版 48）这种寓言式或象征性作品里的男人了，但这并不意味着克里姆特不再绘制男女同时在场的作品，《拥抱》（*Embrace*，图 36）就是一例，画中的男性退居于一个纯粹的性角色，与 20 世纪早期的现状恰恰相反。

47

婴儿

Baby

1917—1918 年；布上油彩；110cm×110cm；国家美术馆，华盛顿

这幅画是克里姆特晚期作品中为数不多的人物不以站姿出现的画像，虽然画家早期作品中的人物多数是坐在类似于扶手椅一样的物体中的。1908 年之后的模特就全部都是站着的了，屈指可数的例外不是因为年龄就是因为疾病。在此画中，因为绘画对象是一个躺着的婴儿，克里姆特就得以进行新的构图实验，也就是把一个几何图形嵌在另一个里面——在一个正方形中有一个大三角形，顶点正好对着婴儿的头部，两侧露出的背景也构成了两个三角形。婴儿的铺盖上也满是图形，克里姆特匠心独创地在上面画出了花朵、螺旋、之字纹以及有对比色的彩虹一样的拱形。他还将对比色并置，例如橙色和蓝色、红色和绿色以及黄色和紫色。或许单纯是因为婴儿的性格还没有定型，克里姆特才得以自由地进行实验。

48

新娘（未完成）

The Bride

1917—1918 年；布上油彩；166cm×190cm；私人收藏

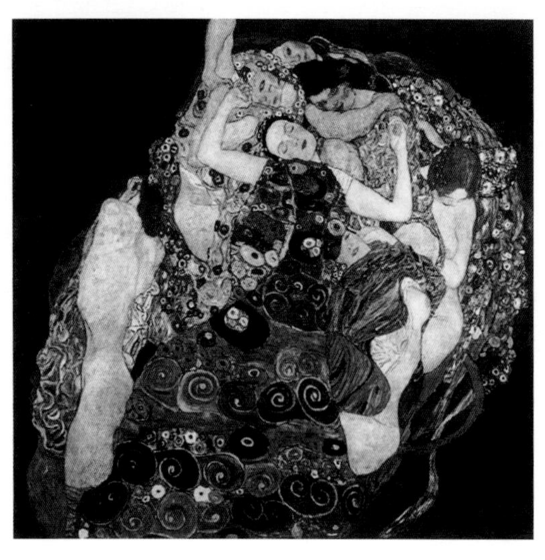

图 37
处女

1913 年；布上油彩；
190cm×200cm；
国家美术馆，
布拉格

在 1918 年克里姆特辞世之际，他留下了数幅未完成的作品，这幅就是其一。它为我们提供了一个深入了解画家创作过程的宝贵窗口。画家似乎先打了个底稿，之后又一丝不苟地画出了新娘，其中包括她叉开的双腿和暴露在外的私处。在对这一部分心满意足之后，克里姆特开始在画面上方粗略地画上装饰性的圆圈和螺旋，此后便在画中填满图形和色块。我们猜测，若作品完成后，只有新娘的躯体会是赤裸着的，而余下的身体则被一条花纹繁复的裙子所覆盖。

同时，这引发了一个猜想：克里姆特总是这样作画吗？是不是其他作品中模特的华服之下也是这般赤裸裸？另一幅创作于 1912 年的作品《处女》（*The Virgin*，图 37）也是以同样的方式绘就的？画中是一个躺在床上的年轻女孩，旁边围着几个更谙世事的女人。克里姆特是否会先画出色情的人物形象，然后再用衣服盖上，只有他自己洞晓裙下的裸体？对于这些，我们无从得知。也许，他只是纯粹为了让人物尽可能地写实，因此就先画一个漂亮的身体，再逐步给她画上衣服。

“彩色艺术经典图书馆”系列书目

按书名汉字笔画排列

凡·高
威廉·乌德 著

马奈
约翰·理查森 著

马格利特
理查德·卡沃科雷西 著

戈雅
恩里克塔·哈里斯 著

卡纳莱托
克里斯托弗·贝克 著

卡拉瓦乔
蒂莫西-威尔逊·史密斯 著

印象主义
马克·鲍威尔-琼斯 著

立体主义
菲利普·库珀 著

西斯莱
理查德·肖恩 著

达·芬奇
派翠西亚·艾米森 著

达利
克里斯托弗·马斯特斯 著

毕加索
罗兰·彭罗斯 著

毕沙罗
克里斯托弗·劳埃德 著

丢勒
马丁·贝利 著

伦勃朗
迈克尔·基特森 著

克里姆特
凯瑟琳·迪恩 著

克利
道格拉斯·霍尔 著

拉斐尔前派
安德列·罗斯 著

罗塞蒂
大卫·罗杰斯 著

图卢兹–劳特累克
爱德华·露西-史密斯 著

庚斯博罗
尼古拉·卡林斯基 著

波普艺术
杰米·詹姆斯 著

勃鲁盖尔
基思·罗伯茨 著

莫奈
约翰·豪斯 著

莫迪里阿尼
道格拉斯·霍尔 著

荷尔拜因
海伦·兰登 著

荷兰绘画
克里斯托弗·布朗 著

夏尔丹
加布里埃尔·诺顿 著

夏加尔
吉尔·鲍伦斯基 著

恩斯特
伊恩·特平 著

透纳
威廉·冈特 著

高更
艾伦·博尼斯 著

席勒
克里斯托弗·肖特 著

浮世绘
杰克·希利尔 著

康斯太勃尔
约翰·桑德兰 著

维米尔
马丁·贝利 著

超现实主义绘画
西蒙·威尔逊 著

博纳尔
朱利安·贝尔 著

惠斯勒
弗朗西丝·斯波尔丁 著

蒙克
约翰·博尔顿·史密斯 著

雷诺阿
威廉·冈特 著

意大利文艺复兴绘画
莎拉·埃利奥特 著

塞尚
凯瑟琳·迪恩 著

德加
基思罗·伯茨 著